基层的初心

毛开阳 著

光明日报出版社

图书在版编目（CIP）数据

基层的初心 / 毛开阳著. -- 北京：光明日报出版社，2024.2
　ISBN 978-7-5194-7752-3

Ⅰ.①基… Ⅱ.①毛… Ⅲ.①基层工作—中国—文集 Ⅳ.① D630.3-53

中国国家版本馆 CIP 数据核字 (2024) 第 011675 号

基层的初心
JICENG DE CHUXIN

著　　者：	毛开阳		
责任编辑：	周文岚	责任校对：	鲍鹏飞
封面设计：	吴　睿	责任印制：	曹　净

出版发行：光明日报出版社
地　　址：北京市西城区永安路 106 号，100050
电　　话：010-63169890（咨询），010-63131930（邮购）
传　　真：010-63131930
网　　址：http://book.gmw.cn
E － mail：gmrbcbs@gmw.cn
法律顾问：北京市兰台律师事务所龚柳方律师
印　　刷：凯德印刷（天津）有限公司
装　　订：凯德印刷（天津）有限公司
本书如有破损、缺页、装订错误，请与本社联系调换，电话：010-63131930

开　　本：710×1000　　　　　　　印　张：12
字　　数：143 千字
版　　次：2024 年 2 月第 1 版
印　　次：2024 年 2 月第 1 次印刷
书　　号：ISBN 978-7-5194-7752-3
定　　价：60.00 元

版权所有　翻印必究

前　言

基层是一个有"大学问"的地方，是服务群众最好的"窗口"，是基层干部最好的"课堂"。本书围绕基层干部如何扎根基层、服务基层，如何造福于民、惠及当下，如何提高境界、提升效能，立意入格、下笔入题。

内外兼修、知行合一。孟子曾说过："穷则独善其身，达则兼济天下。"做基层工作，基层干部需要不忘初心、不负韶华，练就真本领、硬功夫，内外兼修、知行合一，行稳致远、进而有为。笔者从认知、业务、行为、交流、意识、心理、氛围、家庭八方面进行诠释，深耕内在修养、广阔外部视野，使基层干部能够思想向上、脚步向前、心态向上、格局向大，胜任基层岗位、促进基层发展。

以人说事，以事说理。结合自身的工作经历和阅历，将所见所感所思所悟融入其中，用身边事、身边人说简"道"、讲明"理"。在基层中，有很多优秀的基层干部。案例中的人物是即墨基层的凡例，他们有领导、中层、科员等不同岗位的，有年长、中年、青年等不同年龄段的，有党员也有党外人士等不同战线的，他们足够努力、足够务实、足够拼搏；案例中的工作则是即墨基层的缩影，无论是国家主导实施的，还是地方主动推进的，无论是大战略，还是小决策，都很有特点特色，很有意义成效，读之能使基层干部掌握基层工作的方法、了解基层发展的规律、获知基层群众的意愿，遵道而行、一路前行。

心为基层想、劲朝基层使、人往基层走，是笔者写作这本书的初衷和目的。希望能够对基层干部有所启迪、对基层发展有所帮助。

| 目　录 |

认知篇 / 001

　　心中有国 / 002

　　心中有民 / 011

　　心中有爱 / 019

　　心中有责 / 025

业务篇 / 031

　　业先于研 / 032

　　业善于思 / 040

　　业成于专 / 047

　　业兴于勤 / 052

行为篇 / **059**

善始善终 / 060

精益求精 / 065

勇于担当 / 071

脚踏实地 / 078

交流篇 / **085**

授人以渔 / 086

取长补短 / 092

意识篇 / **099**

大局意识 / 100

廉洁意识 / 107

法治意识 / 114

规矩意识 / 120

| 目 录 |

心理篇 / **127**

 平和对待进退 / 128

 随和待人处事 / 132

氛围篇 / **137**

 和谐至上 / 138

 团结至上 / 145

 争先至上 / 151

家庭篇 / **159**

 家人相助 / 160

 家风清正 / 168

 家庭和美 / 176

认知篇

认知程度决定一个人的思维高度，认知层级则决定一个人的人生层次。托利得定理把认知从低到高分为三层：第一层为"一元思维"模式，第二层为"二元思维"模式，第三层为"多元思维"模式。拥有"多元思维"模式的人，能够打破认知局限、打开认知局面，刷新自我认知、提升自我认知，能够想得更多、看得更高、做得更好、走得更远。

新时代、新征程、新形势，基层干部无论身处何地、身居何职，都要提高认知水平、提升认知能力，始终做到心中有国、心中有民、心中有爱、心中有责，勇接历史"接力棒"、敢挑前辈"千斤担"，甘当"为民服务孺子牛、创新发展拓荒牛、艰苦奋斗老黄牛"。

心中有国

【案例】

2019年11月,中共中央、国务院印发了《新时代爱国主义教育实施纲要》,围绕实现"两个一百年"奋斗目标、实现中华民族伟大复兴的中国梦,明确提出新时代爱国主义教育的指导思想、总体要求、基本内容、教育对象,着力培养爱国之情、砥砺强国之志、实践报国之行,使每一名中华儿女都成为爱国主义精神坚定的弘扬者和实践者。

作为沿海开放城市的青岛市即墨区,历来重视爱国主义教育,采取了一连串切实可行的措施,开展了一系列颇具特色的活动,固本培元、凝心铸魂,推动爱国主义教育取得显著成效。特别是结合不同时期开展的"不忘初心·牢记使命""党史学习教育""三严三实"等主题教育实践活动,将爱国主义教育贯穿于每个活动的始终,突出思想内涵、强化思想引领,做到润物无声、育人无痕,激励引导广大党员干部将爱国主义情怀付诸实际行动当中,把每件小事做细、把每件细事做好、把每件好事做精,努力写出不平凡的故事、干出不平凡的业绩。

爱国主义是中华民族的民族心、民族魂，爱国主义教育基地则是激发爱国热情、培育民族精神的重要平台、重要载体。为充分发挥爱国主义教育基地的功能作用，即墨紧扣新时代党的建设总要求，坚持"党建+"引领、爱国教育与思想教育相融，深入挖掘即墨光荣的战斗历史和鲜明的红色印记，建好用好爱国主义教育阵地和国防教育基地，通过加强内容建设、改进展陈方式、强化教育功能、完善免费开放政策等有效举措，不断弘扬红色资源的思想内涵和时代价值，使红色基因活化为可看、可听、可读、可续的文化产品和精神食粮，不断增强爱国主义教育基地的时代感和现实感、吸引力和感染力。

目前，即墨区建成了一批教育特色鲜明、功能设施完善、作用发挥明显的爱国主义教育基地。比如，中共即东县委县政府旧址博物馆、中共即墨县委纪念馆旧址、中共袁家屯党支部旧址、即墨区金口镇卧牛山烈士陵园、即墨区丰城雄崖所故城、周浩然文化园……

每逢七一建党节、八一建军节、十一国庆节等重大节庆，中国人民抗日战争胜利纪念日、国家公祭日等重大纪念日，即墨各级各部门都会组织形式多样、丰富多彩的教育活动。有的基层单位会组织主题宣讲、大合唱、快闪等活动，引导基层干部歌唱祖国、致敬祖国、祝福祖国；有的基层单位则会组织机关干部走进思想政治教育基地和爱国主义教育阵地，接受革命精神洗礼和红色教育熏陶，引导基层干部牢记历史、铭记过去，知史爱党、知党爱国，激发爱国热情，凝聚奋进力量。

《战国策·西周策》中提及："周君岂能无爱国哉？"

《汉纪·惠帝纪》里记载，"封建诸侯各世其位，欲使亲民如子、爱国如家。"

《礼记·儒行》也曾记载，教育儒家弟子要有"苟利国家，不求富贵"的追求和抱负。

明代著名政治家、民族英雄于谦在《立春日感怀》中写道："一寸丹心图报国，两行清泪为思亲。"

……

古人们用一句句潇洒豪迈的经典诗词、一桩桩可歌可泣的英雄壮举，传达着萦系于胸、铭记于心的深厚爱国主义情怀。从古至今，爱国主义就已流淌在中华民族血脉中、根植在中华儿女内心里，贯穿于中华民族历史的全始终、积蕴于中华民族复兴的全过程。

我们的伟大领袖毛泽东同志，是一名伟大的爱国者，始终心怀民族崛起、谋求天下大同。从青少年时代起，他就立下了救国救民的宏伟壮志和崇高理想，无论是求学时期，还是革命年代，从无消沉、从无萎靡，深信中国革命必定成功，深信中国抗日战争必定胜利，深信中华民族必定崛起。

我们的共产党，是一个伟大的党，始终为中国人民谋幸福、为中华民族谋复兴。特别是十八大以来，以习近平同志为核心的党中央，高度重视爱国主义教育，发表一系列重要讲话、提出一系列重要论断、做出一系列重要部署，团结带领全国各族人民不断书写新的奋斗史诗、创造新的发展奇迹。

2018年5月2日，习近平总书记在参加北京大学师生座谈会时讲道："要时时想到国家，处处想到人民，做到'利于国者爱之，害于国者恶之'。爱国，不能停留在口号上，而是要把自己的理想同祖国的前途、把自己的人生同民族的命运紧密联系在一起，扎根人民，奉献国家。"

当前，正处于中华民族伟大复兴的关键时期，既面临着建功立业的发展机遇，又肩负着坚守初心的时代使命。作为新时代的基层干部，更应把弘扬爱国主义精神放在首要位置，常怀爱国之心、常存报国之志、常思兴国之道，才能创造出无愧于党、无愧于人民、无愧于时代的业绩。

常怀爱国之心

"国家是大家的，爱国是每个人的本分……"著名教育家陶行知先生曾说。对基层干部来讲，应把爱国情怀、爱国基因、爱国精神，刻进骨子里、融入血液中、烙在心尖上，使之植根大脑、深入骨髓、成为习惯。

常怀爱国之心，就是要把爱国情怀铭刻于心。党的历史，就是最生动、最有说服力的教科书。党的"一大"宣告中国共产党正式成立，这是开天辟地的大事变，深刻改变了近代以后中华民族发展的方向和进程，深刻改变了中国人民和中华民族的前途和命运，深刻改变了世界发展的趋势和格局。对处在最基层甚至最边缘的基层干部而言，要以史为镜、以史明志，知史爱党、知史爱国，立大志、明大德，将爱国之情刻在心底、记在心头，真正做到"此生不悔入华夏"的至高境界；正如李白《上安州李长史书》中所写："深荷王公之德，铭刻心骨。"有些东西真是刻骨的、铭心的，改不掉、去不了。基层干部还要加强党史、新中国史、改革开放史、社会主义发展史和习近平新时代中国特色社会主义思想学习，从中汲取智慧、获取力量，进一步强志气、添底气，时时想着祖国、事事为着祖国，自觉听党话、坚定跟党走，真正做到"一心为国、一心为公、一心为民"，使爱国主义旗帜始终在心中高高飘扬。

常怀爱国之心，就是要把爱国精神根植于心。在改革发展的主战场、

| 基层的初心 |

在维护稳定的第一线、在抗洪救灾的最险处、在服务群众的最前沿，基层干部纷纷弯下身子、撸起袖子，一马当先、一往无前，先后涌现出了像一身正气、两袖清风的杨善洲，干事创业、开拓进取的沈浩，初心不与年俱老、奋斗永似少年时的王瑛，鞠躬尽瘁、死而后已的周国知等一大批不同时期、不同领域的优秀基层干部，他们用脚步丈量大地、用奋斗诠释实干，体味不一样的人生、收获不一样的成长，以出色的业绩、良好的形象凝聚了民心、赢得了口碑，被广大群众誉为"最美基层干部"。他们不仅是基层干部的时代楷模，也是基层干部的学习榜样。基层干部要以榜样为引领、以榜样为旗帜，让旗帜指引方向、传递力量，扎根基层、服务基层、奉献基层；要大力弘扬爱国主义精神，树立正确的世界观、人生观和价值观，经得起任何不利和有利条件的考验，铸就新时代宏伟篇章，成就新时代基层人生。

　　常怀爱国之心，就是要把爱国基因融入于心。国是家的依靠，国是民的后盾。国家的命运联结着每一个中华儿女的命运，国家的富强倚靠着每一个中华儿女的拼搏。生活在这个伟大的时代，每个人出一份力，就能汇聚成排山倒海的磅礴力量，每个人做成一件事、干好一个活，党和国家事业就能向前推进一步。所以，基层干部要把个人的前途命运与国家的前途命运紧密相连，把自身向上的恒心与中国共产党不变的初心紧密结合，同祖国一道前进、同群众一道拼搏，努力在基层一线建功立业、在群众中绽放光彩；要将其贯穿在一项项工作、一件件事情当中，确保定一件干一件、干一件成一件，件件有质量、事事有成效，真正为人民谋幸福、为民族谋复兴。

常存报国之志

古有司马迁"常思奋不顾身，而殉国家之急"、诸葛亮"鞠躬尽瘁，死而后已"的豪迈壮举，文天祥"人生自古谁无死，留取丹心照汗青"的无畏精神，林则徐"苟利国家生死以，岂因祸福避趋之"的激昂担当……

今有黄大年只愿"中国由大国变成强国"的坚强信念，南仁东只为"打造世界最大单口径巨型射电望远镜"的拼搏奋进……

无数仁人志士为了中华民族独立和振兴上下求索、前仆后继，无不是报国的生动表达。当下，乡村迎来新机遇、经济面临新常态、群众向往新生活，基层干部应心中装着百姓、怀中揣着理想、心有大我、至诚报国，积极为基层建设、改革、发展、稳定建言献策、尽心竭力。

涵养"功成不必在我"的境界。出"功成"之力，而不求"功成"之誉，是基层干部应具备的鲜明品格。基层工作看起来往往琐碎细小，但每一件事情都与广大群众的福祉息息相关、每一项工作都与经济社会的稳定发展唇齿相依。特别是涉及转方式、调结构、促发展、惠民生等方面的基础性工作，周期长、见效慢，非一人之力、非一日之功，需接续努力、需持续发力，做起来不"显山"不"露水"。无论能否做出成绩、能否被上级看到，基层干部要牢记"打基础利长远是最值得称道的政绩，让群众满意是最值得自豪的政绩"的理念，甘做"种树人""挖井人"，不贪一时之功、不图一时之名，争取干出经得起实践、群众、历史检验的政绩；要甘于做铺垫性工作、长远性工作，履好职、尽好责，实实在在为群众办好事解难题，赢得群众的好口碑、真评价。

厚植"功成必定有我"的担当。明末清初大思想家顾炎武曾提出"君子之为学，以明道也，以救世也"。无论是为群众解当下之忧，还是为发展谋长远之利，基层干部要牢固树立"天下兴亡、匹夫有责"的崇高追求和"为官一任、造福一方"的坚定信念，把握大势、着眼大事、胸怀大爱，涵养容他人之长的雅量、容他人之短的度量、容他人之异的气量，正确处理好大我与小我、眼前与长远的关系；坚持把"读万卷书"与"行万里路"结合起来，毫不懈怠地实践，与时俱进地提高，把对国家的情意深凝在对群众的大爱、对国家的担当上，落实到具体行动上、具体工作上，用智慧点亮希望、用力量造福群众，为基层创造更多财富、为群众增添更多福祉。

永葆"功成不待我"的姿态。"时不我待"是一种效率，更是一种精神；是信念坚定、斗志昂扬的展现，是敢于担当、勇于负责的体现，也是新时代基层干部应具备的"精气神"。置身大有可为的新时代，基层干部要善于在危机中育先机、于变局中开新局，发扬时不我待、只争朝夕的精神，坚决克服心态疲沓、姿态懒散、状态拖拉的现象，保持"人在岗上、岗在心上"的良好状态，容不得"人在岗"心却不在岗现象的发生；要树立强烈的事业心和责任心，进一步增强"干好工作是本职、干不好工作是失职"的危机感和紧迫感，苦干、实干、快干、巧干，把心思用在基层工作上、把精力投在服务群众上、把时间放在加快发展上。无论遇到任何艰难险阻，都要切实做到不改其心、不移其志、不毁其节，说了就算、定了就干、立说立行、不拖不等、不靠不推。

常思兴国之道

俗话说:"家事、国事、天下事,事事关心。"基层干部应以国为重、以家为轻,常思国之兴衰、常想党之安危、常念民之冷暖。

基层干部既要知"大"事,又要干"小"事。一方面,基层干部虽然身处基层一线,但也要时刻关注国际战略形势、国家发展态势,时刻关注党中央关心什么、强调什么,知道国家远期的宏伟蓝图、近期的战略布局,清楚当下的工作重点、今后的努力方向,使自身工作能够自觉服从和维护国家、民族、群众的利益。另一方面,基层干部要时刻关心群众的一桩桩"小事"。往往"大问题"都出自"小事情",只有处理好群众的琐碎小事,才能真正解决好群众最关心最现实的利益问题、最困难最急迫的实际问题。也恰恰是因为这一桩桩的"小事情",将群众同基层政府紧密地联结在一起,既能增长基层干部的才干,又能温暖群众的心。

基层干部既要懂政策,又要会用政策。基层干部既是各项政策业务标准的学习者,也是政策业务的具体执行者,应对党和国家政策"心中有数",了解政策出台的背景以及在执行中可能遇到的各种问题,并研究予以解决。特别是深入落实国家在教育、就业、社会保障、医疗、住房、"三农"等领域的惠民惠企政策,要根据基层的现实条件、发展状况、发展目标,制订出具体有效的工作计划,从而满足经济发展和民生保障的迫切需求,使基层群众得到越来越多的实惠,弱势群体得到越来越多的救助。只有做到对各项政策了然于心,才能有效执行政策,保障国家大政方针落实到位。

基层干部既要吃透"上情",又要掌握"下情"。中央的方针政策和决策部署,都是经过反复研判、论证总结出来的,具有普遍性、科学性和指导性,必须坚定不移地贯彻执行,切不可望文生义、断章取义。基层干部要按照党中央和国家实施的科技兴国、人才强国、创新驱动发展,乡村振兴、区域协调发展,军民融合发展等新时代国家发展战略体系的部署要求,结合基层实际情况,确定具体的实施路径、制订可行的实施方案,使国家战略部署落地生根、落实见效,让基层群众真正能够富起来、强起来。只有这些"好政策",才会成为基层群众期盼的"甘霖""雨露",才会成为促进发展的"牵引机""助推器"。

弘扬爱国主义精神,重在践履、贵在力行。基层干部应把爱国之情、报国之志、兴国之道融入事业之中、奋斗之中,立足岗位建功立业,争当新时代的奋斗者。

心中有民

【案例】

青岛市即墨区政务热线隶属于即墨区社会治理指挥中心，归属中共即墨区委政法委领导管理，主要职责是受理、分派、反馈省及青岛市政务服务热线下派的群众反映事项。该热线按照"条块结合、以块为主，统一协调、责任明晰"原则，建立区、镇、村（居）三级组织架构和联动办理责任机制，切实提高了群众诉求事项的办理质效，打造了多元化服务渠道。

早在 2018 年，即墨区政务热线创新服务模式，就曾开通"96711"社会服务热线，采取"政府主导＋公司运作"方式，由区政务热线负责总体协调监督指导，由区级国有平台公司具体承担平台话务服务、系统维护、宣传推介等工作，实行 24 小时全天候呼叫受理机制，全面运行移动挪车（主要针对城市道路、居民小区车辆乱停乱放等方面问题）、社会生活求助服务（主要提供便民信息咨询、家政服务等生活方面求助）、智慧虚拟养老（主要为老年人提供以生活照料、精神慰藉、康复护理等方面的上门居家养老服务)、中小微企业诉求(主要受理中小微企业用地、用工、用房等方面诉求)等服务板块,有效满足广大群众和中小微企业日益增长的多样化需求。

2019年,根据上级统一部署,即墨区政务服务热线"83512345"整合到市12345政务热线平台,整合后区政务热线不再接听市民诉求事项,主要负责承担省及青岛市政务服务热线下派、青岛市市长信箱、人民网市长留言板、问政山东、问政青岛等群众反映事项分派、办理、反馈、督查和考核等工作,包括受理部门及工作人员职责、办事程序等行政管辖权范围内的咨询;对改革开放、经济建设、城市建设等方面的意见建议;对社会生活发生的劳动保障、医疗服务、教育及安全保障等需政府解决的非紧急类诉求等有关事项。

为切实解决群众诉求、提高群众满意度,即墨区政务服务热线平台坚持换位思考的服务理念,建立健全了服务评价机制、审核督办机制、分析研判机制,切实做好群众来电的接听、记录、转办、反馈等工作,严格对不满意问题的跟踪落实,加强对区长信箱发布意见的审核,定期统计梳理平台相关事项数据信息和科学分析研判民生诉求,实现了从粗放管理到精细服务、从被动受理到主动处置、从各自推动到协调联动,不仅提高了办理工作效能,也提高了群众满意度。

中国自古就有"民者,国之根也,诚宜重其食,爱其命"的说法。

汉·司马迁云:"治国之道,富民为始。"

宋·杨万里云:"国之命,如人之命。人之命在元气,国之命在人心。"

明·吕坤云:"取天下,守天下,只在一种人上加意念,一个字上做工夫。一种人是哪个?曰民。一个字是什么?曰安。"

清·黄宗羲云："天下之治乱，不在一姓之兴亡，而在万民之忧乐。"
……

历史告诫世人：唯有心中有百姓，才会肩上有担当、手中有方法、脚下有行动。

1921年7月1日，中国共产党从嘉兴南湖扬帆启航，立党为公、忠诚为民的奉献精神是"红船精神"的本质；1945年4月24日，伟大领袖毛泽东同志在党的"七大"上，正式提出了"全心全意为人民服务"的思想；2015年11月23日，习近平总书记在中央政治局第二十八次集体学习时提出"以人民为中心"的发展思想。

"要为人民做实事！"

"人民对美好生活的向往，就是我们的奋斗目标。"

"我将无我，不负人民。"

基层干部只有心中有民，才能真正放下架子、扑下身子，才会把为民情怀厚植到为民服务的每一件事情中、每一项工作上，才会竭尽全力为老百姓谋幸福，切实做到行之为民、事事为民。

情系于民

情系于民不是一句空洞的口号，而是一种坚定的践行。基层干部既要"身入"基层，更要"心入"基层、"情入"群众，切实做到"民有所想、我有所谋，民有所呼、我有所应，民有所求、我有所为"。

以百姓心为心。作为基层干部就要坚持初心、不忘初心、守护初心、践行初心，不以自我意想去限定群众意愿，用自己的真心画出与群众关系的"同心"。首先，要做到"心心相印"。宋·释正觉《颂古一百则》

中写到"心心相印，祖祖传灯"，这里特指心意投合、情投意合。基层干部要始终坚持以人民为中心的发展思想，把群众的切身利益放在心上，把群众的安危冷暖挂在心上，从一点一滴的细微之处抓好民生问题，做好新时代群众工作的"答卷人"。其次，要做到"将心比心"。物我一体，将心比心。基层干部要想清楚"我是谁、为了谁、依靠谁"的问题，不断追求"我将无我，不负人民"的境界；要想明白"我是群众我缺啥"，紧紧盯住群众关心事烦心事，把民生小事办成民心大事，让群众有更多、更直接、更实在的获得感、幸福感。最后，要做到"以心换心"。俗话说："失民心而立功名者，未之曾有也。"在单位里遇到群众时，基层干部要主动上前，能帮一把是一把。在生活中遇到群众时，基层干部要主动打招呼，拉近彼此之间的距离，往往就是这些"不起眼"的一句温暖的关心、一个亲切的问候、一个善意的举动，能够让群众感受到浓浓的暖意。

以百姓事为事。有句口头禅："当官不为民做主，不如回家种红薯。"群众的事情，大多是柴米油盐酱醋茶，虽然一桩桩一件件看似不起眼，但对他们来说，却与他们的利益紧密相连。只有把群众的各种操心事、烦心事、揪心事，当作自己的事情，才能让基层干部有紧迫感、责任感，才会想办法去分析、去解决、去改变。群众需要在哪里，干部就在哪里、就去哪里，损害群众的事情不能做，兑现不了的诺言不要许，基层干部要用一张张民生清单、一项项民生实事，带给广大群众看得见、摸得着的实惠，让他们的获得感成色更足、幸福感更可持续、安全感更有保障，真真切切感受到政府离他们很近、干部与他们很亲。

以百姓福为福。俗话说"金杯银杯不如群众的口碑"，事业是拼出来的，口碑是干出来的。凡是群众反映的问题，无论大小都要严肃对待；凡是涉及群众利益的事情，无论急缓都要认真对待。基层干部要始终把广大群众高兴不高兴、满意不满意、支持不支持、答应不答应、拥护不拥护作为衡量工作的重要标准，努力让他们过上更加美好的新生活；要把群众路线作为基层工作的根本路线，深入基层一线，倾听群众呼声，体察群众疾苦，问政于民、问需于民、问计于民，做到与群众有福同享、有难同当，不断提高广大群众的获得感、幸福感、安全感。

尊重于民

尊重人民群众的主体地位，是中国共产党不断走向成功的奥秘，也是实现第二个百年奋斗目标的"密钥"。正如伟大领袖毛泽东同志所说的"军民团结如一人，试看天下谁人敌？""兵民是胜利之本"。

尊重于民，体现为相互认同。基层是最好的课堂，实践是最好的教材，群众是最好的老师。基层干部要坚持从群众中来、到群众中去，深入一线、贴近群众，视群众为老师，虚心请教群众、认真学习群众，特别是当工作中遇到难以解决的问题，有时坐在办公室想不出好办法、找不到好策略，就要深入基层倾听群众的声音、凝聚群众的智慧，老老实实地向群众学习，获得真知灼见，拓展工作思路，想出解决难题的实际窍门，才能做到全心全意为基层、为群众服务。虽然现在基层的工作环境和生活条件得到了很大的改善，想了解情况随时可以视频通话，但"键对键"不能代替"面对面"，深入基层、深入一线，是很有必要的。

尊重于民，体现为相互平等。群众在你心中有多重，你就在群众心中有多重；要把广大群众当主人，放低"身段"、放下"姿态"，谦恭对待群众，真心实意和群众交朋友，推心置腹和群众做工作，才能血脉相通、骨肉相连，才能充满生机、激发活力。特别是与群众商讨事情时，基层干部要充分尊重民意，有分歧勤沟通、有意见勤谈心，多谅解少埋怨、多支持少摩擦，做到大道理讲清楚、小道理讲明白，征求意见不存偏见，处理问题毫不遮掩，用通俗易懂、乐于接受的群众语言做好思想工作，把群众工作做实、做深、做细、做透，让群众心服口服。平时，基层干部要多去群众中走一走、坐一坐，给足群众充分的温度，尊重群众的主体地位、合法权益、基本意愿，真正做到不失信、不糊弄，忠实受欢迎。

服务于民

为人民服务是对基层干部的基本要求，也是基层工作的出发点和落脚点。

"群众利益无小事。"群众的"小事"就是基层干部的大事。工作中，一些看似鸡毛蒜皮的事不能被忽视，万家忧乐就体现在点滴"小事"上。走群众路线、做群众工作，首先要重视小事、解决小事。基层干部要牢固树立一切为了人民群众的理念，不断提高服务质量，少一些敷衍塞责，多一份尽心尽责，把关乎群众利益的事时刻放心上、抓手上、扛肩上，切实把群众期盼的事办好办实，让他们真切感受到基层服务部门"门好进、事好办、脸好看"。

"人民就是江山，江山就是人民。"群众满意度就是基层干部的初心和使命。当前，群众生产生活中还存在一些不容忽视的问题，诸如食品安不安全、暖气热不热、就医环境好不好、河湖能不能清一点、秸秆能不能焚烧、康养服务顺不顺心、能不能租得起或买得起楼房，等等。基层干部要坚持问题导向，多了解困难群众的期盼，多破解困难群众的问题，多做雪中送炭的工作，既要做"显功"，也要做"潜功"，把群众的满意度作为抓工作的风向标,把群众对美好生活的向往作为奋斗目标,努力使一切工作经得起历史的检验、实践的检验和群众的检验。

为群众服务没有"休止符"。基层干部要树立经常为民、长期为民的思想,坚持活到老服务到老,把服务群众融入自己的一切学习、工作、生活之中。群众的每一件琐碎小事,都是实实在在的大事,有的还是急事、难事,对此基层干部要强化为人民服务的理念,凡是群众所想的,都要尽量去实现;凡是群众所反映的,都要尽量去解决;凡是群众所需求的,都要尽量去满足。在工作中,基层干部需要眼睛向下、脑袋向下、脚步向下,需要"沉下心、静下心、稳下心",让"根"扎得深一些,把事办得牢一些,服务群众永远在路上。

取信于民

基层干部与群众直接打交道,是基层政府给群众的"第一印象",是基层政府公信力的基础。做好基层工作,基层干部就要和群众打成一片,取得群众的信任和尊重。

取信于民,就要懂群众语言。基层中的大部分群众都习惯说方言,年轻人大多在外,在农村里的大多是老人,而且占比很大,他们由于信息"闭塞",不大了解国家最新的政策、合法的程序,可以通过有效的方法去处理去解决,这时就需要基层工作干部站出来、冲上去。所以,作为一名基层工作者要听懂方言、学会方言,不要讲官话、讲大话,群众听不懂,也可能不愿听,会让群众觉得有距离,不值得信任,很难从群众当中获得第一手的信息,也很难能够及时地为群众解决问题。

取信于民,就要懂群众心理。作为基层工作者,要尽快熟悉群众的喜好和需要，熟悉当地的人文环境、地理环境，知道群众心中所想、所虑，通过群众的只言片语能够对事情的来龙去脉有初步的了解；有时群众可能对政策的了解比较片面，对政府开展的工作不一定支持，这时就需要基层干部学会顺着群众的思路、站在群众的立场，通过合理的方式为他们答疑解惑，从而达到理想的效果。

取信于民，就要懂沟通技巧。当下，每个人的自我意识都很强，这就要求基层干部与群众沟通交流时，注重尊重群众的人格，说简短的话、说管用的话，力求用最短的时间，达到最佳的沟通效果。面对不同的群众、不同的问题，基层干部要学会用不同的沟通技巧，比如，对待社区的老年人，应向他们虚心地请教，快速提高自己的业务能力；与普通群众沟通时，应热情奔放，让他们感受到党和政府对他们的关心关怀；与态度比较蛮横且不"讲理"的群众交流时，可以先与其拉拉家常、拉近彼此的距离，再耐心向其解释、宣传国家的政策，展开工作、解决问题。

群众利益无小事，一枝一叶总关情。基层干部只有心中有民、行动助民，才会留住民心，收获群众的信任、满意、支持。

心中有爱

【案例】

2013年2月,青岛市即墨区启动了历史规模最大的棚户区改造——即墨古城片区改造项目,这个项目也被列入当年人代会"一号议案"。作为一名工作人员,笔者被组织人事部门选调至即墨市古城片区规划建设指挥部,参与即墨古城片区规划建设工作,实属非常荣幸。

在指挥部工作期间,笔者结识了一位老同志,说他"老",一方面是年龄"大",当时他60多岁了,但身体非常硬朗,精气神十足,工作十分卖力;另一方面是资历"老",从事建筑行业近40年了,参与过诸多的重点项目和重要工程,拥有丰富的管理经验和精湛的专业水平。他就是韩方晓,时任即墨市鼎泰盛开发建设有限公司工程师,全程参与古城片区的规划建设工作。

即墨古城片区改造区域范围大、体量多,即墨市古城片区规划建设指挥部的压力很大,每一名建设者的工作任务很重、工作节奏很快。作为项目工程师的他,主要负责协助指挥部规划建设组做好工程建设、项目管理等各项工作,每天上班来得早、下班走得晚,施工人员入场前他已经到场了,施工人员退场了他才能离场,基本整天"泡"在项目现场,以工地为家,参与了即墨古城片区改造项目的建设全周期,也见证了即墨古城的成长全过程。

无论是在文昌居、莲花居、文富居三大安置区建设中,还是在基坑开挖、主体结构、墙面、门窗安装、外立面装饰等各个工程节点,都会发现他的身影,都会留有他的足迹。正是因为他们这些工程管理人员,确保即墨古城安置区建设进度、建设质量,也保证了广大居民如期回迁。

每次,笔者跟指挥部宣传组同志一起去工地留存影像资料,经常会在项目现场遇见韩工,有时会看见他用钢尺一点一点测量着钢筋与钢筋之间的距离,查看管线铺设的位置,看是不是按图纸施工的,看是不是按标准配建的;有时会拿着本子记录着各个项目的建设进度;有时会跟施工监理、施工人员交流,哪些地方需要加强,哪些环节需要注意,即使说他在工地无处不在、无时不在,也不为过。

在即墨市古城片区规划建设指挥部这个大家庭中,他是出了名的"老好人",这缘于他对工作的热爱、对同志的敬爱、对他人的关爱。

笔者也被他深深感动着、影响着。

唐代韩愈在《原道》开篇中写道:"博爱之谓仁,行而宜之之谓义,由是而之焉之谓道,足乎己无待于外之谓德。"韩愈认为,能够广泛地去爱人,就是博爱、就是仁义。

中国共产党作为百年大党,为人民而生,因人民而兴;对人民的爱,是无私无畏的大爱,是生死相依的真情,是心甘情愿的付出。习近平总书记在参加十八届中共中央政治局常委同采访党的十八大的中外记者见面时的讲话中指出，"人民对美好生活的向往，就是我们的奋斗目标。我们的党是全心全意为人民服务的政党"。

对基层干部来说，就如爱自己一样到基层工作、来关心群众，在基层建设发展过程中体现人生的价值、找寻人生的欢乐、创造人生的幸福。

对基层的热爱

所谓职业精神就是干一行，爱一行；三百六十行，行行出状元。当好基层干部，干好基层工作，将自己的职业发扬光大，这就是基层干部的职业精神。这些虽然说起来很容易，但是做起来是很不容易的！

强信念之基，立鸿鹄之志。基层虽然是个艰苦的地方，但也是一个磨炼意志、锻炼品格的地方。换个角度思考，先苦其心志，劳其筋骨，才能肩负重任、勇挑重担。有的干部往往瞧不起基层工作，认为这个平台太低太小，觉得自己心怀鸿鹄之志、身藏经世之才，岂能将就于此、屈尊在这儿？有的干部也比较怕干基层工作，不是家里长，就是邻里短，每天东一榔头，西一棒槌，陷于杂事中无法自拔，忙于奔波不说，搞不好还会挨顿莫名其妙的责骂，这也是基层不争的事实。只有坚定信心、坚定信念、坚守基层，才会兢兢业业、尽职尽责，才能永远有使不完的劲、干不完的事，才会不断地挑战自己、发掘自己的潜能和创造力，不停地为工作注入新的动力，才能无怨无悔地付出，并乐在其中。

燃激情之火，练坚韧之功。当面对陌生艰苦的基层环境、一无所知的基层情况，当面对千头万绪的基层事务、繁杂琐碎的基层任务，有些基层干部感到过迷茫，甚至感到过无助。但是基层也会给基层干部茁壮成长的沃土，教会他们学习的经验。只有发现基层的魅力，热爱基层、投身基层、扎根基层，才能真正融入基层这片沃土，才能体现基层干部的自身价值。世间最好的风景，就是不断遇见更好的自己，既然义无反顾地选择了基层，就应从热爱开始，让热爱成为扎根基层、无私奉献的内驱力，以更加积极的态度、坚定的信念、顽强的毅力、一往无前的奋斗姿态、扎实的工作作风，争当基层的"多面手"。

对工作的挚爱

工作的态度，往往要比工作本身重要。如果热爱基层工作，就能够全心全意地投入，那么原本令人讨厌的艰苦的基层工作就能变成推动、丰富和完善生活的神奇工具。因为心怀热爱，所以才会把单位当成自己的家，把工作当成自己的事，扎扎实实来做、实实在在去干。

在工作中找到乐趣。一位英国人说过这样一句名言："人之所以不安，不是因为发生的事情，而是因为他们对发生的事情产生的想法。"也就是说，兴趣的获得也就是个人的心理体验，而不是发生的事情本身。很多人都认为基层工作是又累又苦的，如果有选择，巴不得远离基层、逃离现状。可是，九层之台，起于累土。幸福美好的生活都是通过双手努力奋斗出来的。没人去奋斗，如何筑牢幸福生活的根基？要想在基层开展好工作、做好基层的"当家人"，就要让心态"放平"，给热情"降温"，真正融入重复、繁杂的基层工作当中，端正工作态度、提高工作效率，微笑工作、快乐工作。在基层工作中磨炼自身，在基层工作中积累经验，有利于今后在工作岗位上能够更好地服务人民，更好地为国家做贡献，为实现中华民族的伟大复兴而奋斗。

在工作中铸就梦想。习近平总书记在与中央和国家机关到省区市交流任职中青年干部座谈时强调，"年轻干部要身心向下，树立扎根地方和基层干事创业的决心与信心"。基层工作最讲究一个"实"字，只有深入实际、深入群众，关心群众疾苦，做到功劳面前不去争抢、利益面前不去计较、责任面前不去躲闪、问题面前不去推卸，才能被群众所接受、所认可、所称赞，才能有利于干好本职工作、做好群众工作。美好的未来正召唤着我们去开拓，基层是放飞人生梦想的舞台。扎根基层，在基层这个大舞台上努力施展自己的才华，方能绽放人生最美丽的姿态，为实现中国梦贡献自己的一份力量。

对群众的关爱

清代著名的思想家、文学家郑板桥先生《潍县署中画竹呈年伯包大中丞括》写道："衙斋卧听萧萧竹，疑是民间疾苦声。些小吾曹州县吏，一枝一叶总关情。"从中不难看出，基层干部要有仁爱之心、关爱之心，及时回应人民群众不断变化的需求，切实提高人民群众的生活水平。

要把群众的利益摆在首位。近年来，国家出台了多项惠民利民政策，各地也结合实际积极落实，为老百姓解决了许多问题，也带来了很多红利和诸多便利。基层干部要将惠民政策落实到位，需要站在群众的立场上想问题、办实事，把察民情、解民忧、促发展作为执政为民的准则；对群众面临的困难思考有深度、解决困难有力度、为民服务有温度，让改革的红利惠及于民；运用系统思维、底线思维科学分析、研判改革可能产生的效果，做到心中有数、成竹在胸，确保改革发展蹄疾而步稳。

要把群众的安全放在心上。基层干部要始终保持"时时放心不下"

的责任感和"把眼睛瞪得大大的"敏锐性，紧盯重点领域、重点部位和关键环节，进一步强化安全风险研判，守牢安全生产的底线红线；要统筹好发展和安全两件大事，将广大群众身体健康和生命安全握在手心、扛在肩头、放在心上，确保党中央"疫情要防住、经济要稳住、发展要安全"重大要求落到实处。

要把群众的需求落在实处。民声是民生政策的风向标。基层干部要真正站在群众立场看问题、想问题、解问题，以过硬作风、务实方法解决基层困难事、群众烦心事，迈开步子走到群众身边去发现问题，俯下身来亲近群众去收集问题，倾听基层的声音、群众的意见，用笔写下来、用心记下来，把群众反映的问题用行动落实到位；要本着"实事求是、实干担当，量力而行、尽力而为"的原则，收集真问题，落实硬举措，不避实就虚、避重就轻，不刻意掩盖，也不回避矛盾，立足民意导向、问题导向，着力解决好群众最关心最直接最现实的利益问题。

有了爱，才会用心，才会用情，才能拥有大胸怀，才能去包容一切人和事。基层工作，需要用爱去浇灌，山才能清，水才能绿，人才会和。

心中有责

【案例】

电视连续剧《守土有责》，是由中央电视台影视部和河南省南阳市委宣传部、北京御景山影视文化公司联合摄制的，主要描绘了"废除农业税"那个时代的农村基层，展示了基层干部自力更生、努力进取的新面貌。

剧中的主人公，是在县政府办公室工作的务大林同志，在即将被提拔为办公室副主任时，他却做出了一个让同事不解、妻子不满的决定，主动要求下基层锻炼、到基层学习。正所谓"天将降大任于斯人也，必先苦其心志，劳其筋骨，饿其体肤"。当时，基层已取消了农业税，长期依赖农村税费的乡镇财政陷入收不抵支的困境，基本上没有什么税源。可是，他创新性提出了把权力下放给农民，乡政府转变成为服务机构的设想，在那个年代引起了轩然大波，既让他们感受到现实的残酷、改革的阵痛，又让他们看到生活的希望、未来的美好。为解决机构精简压缩下来的人员，务大林同志因地制宜、因情施策，成立了"农业经济发展

| 基层的初心 |

服务中心",主动请缨奔赴一线,带领当时那群人走在创业的新路上;为开发沼气、建立产业链,务大林同志面对乡亲的误会、亲人的误解,用他的善良、执着,打动了农民兄弟,在农村开创了一片新天地。

务大林同志"这一个",代表了基层干部"这一群",让大家看到了许多活脱脱、真实的基层干部身影……

《孟子》中记载,"心里有账,肩上有责,手中有招,脚下有风"。

《胡雪岩全传·平步青云》中提及,"地方官守土有责,而且朝廷已有旨意,派在籍大臣办理'团练',以求自保"。

《论语·泰伯篇》中说,"不在其位,不谋其政"。

保国者,其君其臣,肉食者谋之;保天下者,匹夫之贱,与有责焉耳矣!明末清初著名思想家顾炎武"天下兴亡,匹夫有责"的思想之所以有深远的影响,在于激发了中华民族的社会责任感。

……

责任不仅体现了一个人的心智和格局,也体现了一个人的使命和追求。无论你身处哪个时代,还是你身在哪个区域、身居哪个职位,都必须遵守工作规则和行政条文。

伟大领袖毛泽东同志曾说:"共产党员是一种特别的人,他们完全不谋私利,而只为民族与人民求福利。"

2020年3月10日,习近平总书记在湖北省武汉市考察疫情防控工作时指出,要教育引导广大党员、干部在这场大考中增强必胜之心、责任之心、仁爱之心、谨慎之心,磨砺责任担当之勇、科学防控之智、统筹兼顾之谋、组织实施之能,做到守土有责、守土有方。

乡镇作为最基层的行政机构。基层政府一头连着城市,一头连着农村；基层干部则是一头连着党和政府，一头连着普通百姓，是党和国家各项方针政策的执行者和贯彻者，在社会主义现代化的建设中发挥着中流砥柱的作用，必须坚决做到守土有责、守土负责、守土尽责，真正忠诚履责、尽心尽责、勇于担责。

时代的责任

站在不同的时间节点，倾听来自历史的回音，大家会明显地感受到：每个时代都有每个时代的光荣使命，每一代人都有每一代人的神圣职责。

新中国成立初期，基层政府因地制宜进行土地改革，实行农业生产联合社"统一经营，分级管理"，推行生产队"三包一奖"（包工、包产、包成本和超产奖励）的制度，不仅解决了农民温饱问题、解放了农村生产力，也为社会主义改造和社会主义建设创造了有利条件；在保持重工业的同时，能够保持农、轻、重的协调发展，使国家建设和人民群众生活改善得到适当的发展。

党的十一届三中全会，以邓小平同志为主要代表的中国共产党人，实施改革开放的历史性决策，开启了中国特色社会主义这艘巨轮扬帆启航的新征程。那时，农村的重点就是稳定和完善家庭联产承包责任制，不断推进农产品流通体制改革。同时，还要加大招商引资，基础设施建设，大力兴办乡镇企业，农村个体、联户办企业悄然兴起，农村集体经济不断壮大，农村社会事业发展也得到有力支持，使群众的物质生活好了一些，文化生活、精神面貌好了一些。

进入新时代，广大群众对美好生活的需求是全方位、多层次的，不仅对物质生活提出了更高要求，而且对民主、法治、公平、正义、安全、环境等方面的要求日益增长。基层干部既要抓住难得的建功立业的人生际遇，也要坚决牢记"天将降大任于斯人也"的时代使命，用发展的眼光看问题，积极适应时代发展的需要，完成时代赋予的新使命、新任务和新要求；要坚持不懈用延安精神滋养初心、淬炼灵魂，始终保持一种重任在肩、不辱使命的责任感，关注上级党委政府关心什么、强调什么，深刻领会什么是党和国家最重要的利益、什么是最需要坚定维护的立场，在最需要的地方建功立业，在新征程上创造历史功绩。

基层干部唯有坚决牢记新时代的新使命，自觉把使命放在心上、把责任扛在肩上，才能在实现中华民族伟大复兴的中国梦的征程中发光、发热，成功书写青春华美的篇章。

岗位的职责

基层好比一台"大机器"，每个科室好比这个机器上的一个"小部件"，每名基层干部就好比是一个"螺丝钉"。只有每个"小部件"、每个"螺丝钉"都能发挥应有的作用，这个"大机器"才能正常运转。

一方面，要清楚科室的要求。基层政府改革后，根据实际情况相应地设置保留农业服务中心、规划建设服务中心、经管统计审计中心、科技文化服务中心、便民服务中心等几大事业单位科室，其中农业服务中心主要负责制订农业发展规划并组织实施，负责农业政策法规的贯彻落实等有关工作；规划建设服务中心主要负责园林、绿化、环境卫生及基础设施的维护与管理等有关工作；经管统计审计中心主要负责农村经营管理的指导和农村经济合同的鉴证与管理等有关工作。虽然每个科室职责不交叉，但在实际工作中需要相互配合、相互协作，共同完成综合性工作任务。

另一方面，要清楚岗位的要求。每名基层干部，都有自己的岗位，每一个岗位都是一份沉甸甸的责任，应充分认知自己岗位的重要性，要具有以小角色担当大责任的认识，必须知道自己的责任，知晓履职的范围、权限和任务；必须脚踏实地、身体力行，做到行责而不失责、尽职而不失职。基层干部要进一步强化自己的责任意识，自觉践行职责、勇于担责，积极履责而不敷衍塞责，切实担当起"保一方平安、富一方百姓、促一方发展"的历史重任。

正如梁启超所说："人生须知负责任的苦处，才能知道有尽责的乐趣。"

服务的职责

"为人民服务"是马克思唯物主义的基本观点，也是党的根本宗旨。这既是对每名基层干部的最低标准，也是对每名基层干部的最高要求。

新形势下，基层干部要从思想的高度指导实践，先公后私、大公无私，全心全意为人民服务。只有具备了为人民服务的思想动力，才能拥有为人民服务的无限能力。在工作中，基层干部必须始终把群众放在心中，牢记为群众扛枪、为群众打仗的神圣职责，充分发扬密切联系群众的优良传统，保持同群众水乳交融、生死与共的关系，永远做群众利益的捍卫者。在生活中，基层干部要多站在群众立场去思考问题、解决问题，多问问自己为群众做了什么，还有什么没有做，还有什么可以做得更好；时刻牢记自己肩负的责任和使命，把心思用到干事业上，把精力集中到为民办实事上,把功夫下到抓落实上,对职责范围内的事切实负起责任、努力做好。

"行百里者半九十。"成功贵在坚持,基层干部要时时刻刻将自己的职责牢记于心,敢于担当守土之责。只要基层干部能扛起重担,找对方法,凝心聚力,定能守土有责、守土尽责、守土有方、守土有效。

业务篇

　　业，先于研、兴于勤、成于专、善于思，量变引起质变、质变促进量变，才能不断提升工作能力、推进工作进展、提高工作实效。

　　干事担事，既是干部的职责所在，也是干部的价值所在。对基层干部来说，长期处在改革发展稳定的第一线、经济社会建设的最前沿，无论遇到新情况、新课题，还是面对大业务、小事情，都要学会从多方面想办法、多角度找出路，俯下身子真干、撸起袖子实干、迈开步子快干、甩开膀子苦干，不断在历练中变成熟、在实践中求成功，会谋事、能干事、干成事，真正做到政治过硬、素质过硬、本领过硬、业务过硬、作风过硬。

业先于研

【案例】

2009年年初,根据组织安排和工作需要,原即墨市刘家庄镇党委书记王永洲同志调赴即墨市南泉镇党委任职。到任之后,他利用一个多月的时间,走遍了镇内的33个村庄及10余家规上企业。

对于这位新领导的行事,笔者很是不解。为什么刚到南泉镇就进企入村,还不下通知、不打招呼、不需座谈、不听汇报?他的这种做法跟现在提倡的"四不两直"工作方法差不多。

笔者印象最深的是,有一天他回办公室,满身是土、满鞋是泥,但还乐呵呵的。当时,笔者看到后感到很惊讶也很好奇,惊讶的是怎么弄成这个样子,好奇的是他到底去哪里了。

他看笔者有些不解,笑着说:"去王演庄村了。"

"刚才,我去王演庄村里看了看三泉河,那里乱糟糟、脏兮兮的……"

笔者这才晓得。那个地方群众都不愿意去,他去那里干什么?

他边擦拭身上的土、鞋上的泥，边叹息地说道："这条河跟即墨的墨水河一样，很灵动，也很有历史、很有故事，但现在没人管理，荒废着实在太可惜了。如果能够整治一下，不仅生态可以得到改善，而且文化也可以得到传承。"

这时，笔者才彻底顿悟。

在经过深入调研、充分论证后，南泉镇党委、政府联合下发了环境综合整治行动方案，家乡河整治被提上了重要议事日程，三泉河也被列为家乡河整治的重点。

治理后的三泉河，小桥、流水、人家，凉亭、古道、牌坊……一系列意象的复古建筑巧妙组合，如同畅游在一幅诗情村落、田园乡村的优美画卷之中。

曾经属于"三不管"的三泉河，现已成为王演庄村的文化地标，也成为即墨美丽乡村的"自然衣＋历史魂＋现代术"的建设新模式。

当时，他还提出了大力发展以雪达为代表的针织服装制造业、以南泉物流园为载体的现代物流业，以家乡河综合治理为主的环境综合整治，以挪城水库为核心的现代种植业……现在已成为这片区域的主导产业和主攻方向。

事实证明，只有掌握了镇情村况，才能便于深入研判镇域经济社会发展形势，进一步梳理确定镇域发展思路、工作重点，更好地工作、更好地发展。

调查研究是谋事之基、成事之道。没有调查，就没有发言权，更没有决策权。重视调查研究是我们党做好领导工作的重要传家宝，也是基层干部做好基层工作的基本功。

在我们党的历史上，伟大领袖毛泽东同志对调查研究十分重视，他通过调查研究撰写的《中国佃农生活举例》，被作为"中央农民运动讲习所"生动的教材。正如他所说，凡是忧愁没有办法的时候，就去调查研究，一经调查研究，办法就出来了，问题就解决了。

党的十八大以来，习近平总书记高度重视调查研究工作，在不同场合反复强调调查研究的重要性。"要抓调研，加强对重大改革问题的调研，尽可能多听一听基层和一线的声音，尽可能多接触第一手材料，做到重要情况心中有数。""正确的决策离不开调查研究，正确的贯彻落实同样也离不开调查研究。"……

作为基层干部，就要了解民情、掌握实情，通过调查研究找到问题症结所在，把调查研究与履职尽责、完成上级部署的任务和当前推进的工作结合起来，搞清楚问题是什么、症结在哪里，拿出破解难题的实招、硬招，确保各项工作目标任务能够顺利落地落实。

选好课题

所谓"选题"，就是根据上级的要求、工作的需求，确定调研所要探索的对象。如果课题选得准、选得好，那么调研基本上就成功了一半，所以选题至关重要。

选取关注度高的课题。基层干部要站在政府的高度、全局的高度，选取上级实施的重大战略、部署的重要任务，领导关心的重点项目、群众关注的重点问题作为调研课题。比如，对于海洋强国、交通强国、乡村振兴等国家战略，该如何正确解读、如何深入落实、如何高效推进，使之在基层开花结果、落地生根；对于"双招双引"、互联网工业、科技研发、新能源推广等方面，谁来抓、抓什么、怎么抓，明确职责、明确路径，使之能够真正实现高质量发展。

选取影响面广的课题。基层干部要从大处着眼，深入研究制约区域发展的突出问题，深入研究群众反映的热点难点痛点堵点问题，哪些方面问题突出就聚焦到哪些方面调研，问题出在哪个环节就重点在哪个环节调研，将调研题目精细化、具体化，真正把情况摸清楚、把症结分析透。比如，对于道路整修、宅基地审批、垃圾无害化处理、秸秆焚烧等农村普遍存在的共性问题，如何破题、如何管理，牢牢把握分内各项重点工作进展的脉络和趋势，在潜移默化、润物无声中提高发现问题、认识问题、分析问题、解决问题的能力。

选取经验性好的课题。就是能够触及当前决策具体实施的现实，在最短时间内反映决策落实过程中出现的新情况、新问题。比如，某项工作取得了更高层次的荣誉称号或更好位次的排名、某项工作获得丰硕的成果或可观的效益，可以在深入农村、深入企业调查研究的基础上，了解牵头部门和责任部门如何落实的、如何创新的，及时总结经验，并在其他领域加以复制推广。同时，对于工作实施过程中存在的已解决和未解决、可预见和不可预知的问题，也要及时梳理整理，形成问题清单或问题账单，并研究具体可行的解决方案，使之更具借鉴性、学习性。

只要把握在选题上的针对性、调查研究的准确性、对策建议的可行性，就一定会从中受到启发、洞开思路。

定好对象

在"选题"确定后,就要确定调研对象、调研事情、调研地点。要对调研的目的、意义了然于胸;对调研对象、调研重点难点以及素材的选择要做到心中有数,事先拿出调研活动方案,做到有备而去、有的放矢。

确定"人"。调查研究成功离不开讲真话的人。讲真话的人必须同时具备两个条件,一个是主观上想讲、敢讲真话,另一个是客观上能讲、会讲真话。这也是决定能不能获得真实情况、真实问题的关键所在。针对调研课题,既可以通过基层社区,也可以通过同事介绍,深入实际、深入基层,有针对性地找到这类"人"座谈交流,多层次、多方位、多渠道地调查了解情况,才能把情况搞准、把问题摸透、把对策想好,坚决杜绝形式主义、官僚主义和走过场,不搞"作秀式""盆景式"调研。

确定"点"。现在,提倡蹲点调研、不打招呼调研,带着问题、带着使命、带着感情,一竿子插到底,切实掌握第一手材料。基层干部要把问题分析得透一些,再透一些,建议想得深一些,再深一些,启示想得远一些,再远一些,就要选定有代表、有特色或成效明显、问题突出的"正""反"两方面的调研"点",并且做到深蹲这个"点"、常驻这个"点"。只有这样,才能抓住倾向性、症结性问题进行分析研究,从现象中把握本质、从原因中查找症结、从实践中发现解决办法,提出解决问题、推动工作落实的对策和建议;从做法中发掘内涵、从事实中找寻出规律、从经验中提炼出启示,提出推广经验、发挥典型指导作用的思路和措施。

用好方法

调查研究方法也要与时俱进。要做好调查研究，方法工具很重要。

调查研究要多看。当今中国已进入数字化、信息化、网络化、智能化的信息社会，以互联网信息通信技术为先导的智能技术，深刻改变着基层群众的生产生活。基层干部要适应新的社会特点和新形势新情况，利用现代信息技术拓宽调研领域、拓展调研渠道、丰富调研手段、创新调研方式，从网络资源中深入了解社情民意，实现"线上"与"线下"的优势互补，切实提高调研的效率和科学性；要做到放下架子、俯下身子，多到群众家里揭锅盖、看灶头，多到田间地头看禾苗、查长势，在看的过程中找到基层发展的短板，找到解决发展难题的对策，找到自身工作的努力方向。

调查研究要多问。如果不摒弃"闭门造车，电话调查，听取汇报"来获取信息资料的"官僚主义"作风，唯上不唯实，报喜不报忧，就不算调查研究，更不能发挥参谋辅政、促进工作的作用。基层干部要勤学多问、虚心好问，揣着问题下去、带着答案上来；多向自己发问，问问自己接触时感受到了什么、想到了什么、学到了什么？问问自己哪些做得不到位、哪些做得不贴心？遇到问题时多问几个"为什么"，解决问题时多问他们"会怎么办"，才会使调研成果"有血、有肉、有魂"。

调查研究要多听。焦裕禄同志有句名言："蹲下去才能看到蚂蚁。"基层干部要多向群众寻求良策，群众对问题本身了解最深、考虑最多，其中有不少解决问题的良策，善于问计于民，汲取基层智慧，将群众的智慧运用到实际工作中，以求得解决问题的"真经"；要多走动、多串门，听听群众的"家长里短"，倾听群众心声、了解群众真实诉求，抓住群众最急、最盼、最关心的问题不放，真正听实话、察实情、解决实际问题，才能获得实效。

调查研究要多思。调查研究要深入思考，透过事情的表面现象，查找事情的真相和全貌，把握问题的本质和规律，从而获取解决问题的思路和对策。所谓"兼听则明、偏听则暗"，查看问题和了解情况时要多角度、多层次、多方位、多渠道，对待全新的、隐形的、深层的各种问题要保持头脑清晰，谨防各种"套路""陷阱"，强化信息收集、筛选和分析，结合实际创新调研方式，切切实实地做好调研工作。

用好结果

毛泽东同志曾经说过，"没有调查就没有发言权"。调查研究的最终目的，就是要实现调研成果的转化作用，指导于工作实践。

在工作中，基层单位要坚决避免调研成果"写在纸上""挂在墙上"，或者用文件落实文件的现象，把调研成果转化与落实党中央、上级决策部署结合起来，与加快推进高质量发展结合起来，与国家战略结合起来，把调研中形成的工作思路和举措办法，使调研成果转化为理论学习成果、转化为整改落实成果、转化为群众服务成果、转化为改革发展成果，让其发挥指导实践、推动工作的功效，让调研成果成为推动发展的真知灼见。

在调研中，基层干部要对发现的重点问题及时梳理归类形成台账，对应纳入专项整治方案任务清单，明确整改责任和具体措施；要深度完善一批针对性、可行性举措，结合工作谋划和规划，用好调研中前瞻性、操作性、创造性的对策建议，研究出台一批务实管用的工作措施、制度政策；要重点选取一个项目或者一个领域，蹲点示范抓落地，见到实实在在的工作成效，不能只写不做、只说不干。

在办公室想想都是困难，到基层去看看全是办法。基层干部要带着初心和使命，大兴调查研究之风，探"险滩"之深浅、晓"沟壑"之宽窄，推动各项工作落地见效，为乡村全方位振兴汇聚磅礴力量。

业善于思

【案例】

宋伟，既是笔者工作中的好领导，也是笔者生活中的好大姐。作为一名女性同志，她长期扎根基层、服务基层，在不同时期、在即墨不同镇街兼任过驻村工作组组长、管区书记、社区党委书记，主要负责指导村庄发展、规范村庄事务，做好群众工作，促进村庄振兴。正是因为如此，她练就了"十八般"武艺，虽不敢说样样精通，但样样在行是毫不夸张的。

她说，毕业参加工作后，她就一直兼职驻村工作，一干就是30多年，其间，她以村庄为家，以群众为友，经历过风雨，经受过波折，这些让她变得更有智慧、更有想法，不仅成为社区工作的"老手"，更成为社区工作的"高手"。

最令笔者佩服的是，她不仅干事漂亮，而且思事周全。她非常善于思考，遇到事情多思考，遇到问题多分析，即使面对复杂的工作，都不会盲目地直接去做，总是能够通过思考将工作捋顺，分清哪些工作是当务之急，哪些工作可以先放一放，过一段时间再做，抓住工作中的主要矛盾，集中力量解决，这样就会起到事半功倍的效果。

记得有一次听她说，她负责几个村庄的土地征收工作，这里面既有"难啃"的村庄、经济贫困的村庄，也有班子不和谐、群众不稳定的村庄。实事求是地说，基层工作不好干，土地征收工作更不好干，一旦涉及征收、涉及利益，村庄的干部和群众的想法就会跟以前的不一样，都要等着看别人是怎么推进的，都想占点所谓的"小便宜"……这些"稀奇古怪"的想法制约了土地征收工作的推进，虽然制订了详细的工作方案，整体土地征收工作推进比较顺利，但个别村庄工作仍遇到了不少难题。

当时，有几户特别有"想法"的群众，暂时不想拆，弄得她措手不及。为了越过这个坎，解决这件事，她下班后，独自在水上公园快走，边走边琢磨、边琢磨边想，尝试着让头脑归零，想想这个方案有没有不妥之处、有没有漏洞？想想其他领导遇到这个问题会怎么解决？村庄干部怎么看这件事，为什么会受阻？这些有"想法"的群众心里是怎么想的，他们为什么会这样做，后续又会采取什么行动？在心里将所有这些想法逐一梳理，逐项研究。不知不觉地，从傍晚一直走到下半夜，从瞎琢磨到细琢磨，在不断地思考、思索的过程中，她找到了解决问题的办法。不过几天，就顺利做好了这几户特别有"想法"的群众工作。正如没有办不到的，只有想不到的。

处事长思，应该就是这个理吧。

孔子曰："学而不思则罔，思而不学则殆。"
朱子云："不求诸心，故昏而无得。不习其事，故危而不安。"
唐·韩愈《进学解》中讲："行成于思，毁于随。"

古往今来，人们都是非常重视学习和思考的，把学习和思考放在同等重要的位置。不管研究什么学问、从事什么工作、处理什么事情，只有多动脑、多思考，方能成功。

伟大领袖毛泽东同志一生酷爱读书，无论是战争年代，还是社会主义建设时期，总是书不离身、手不释卷。他提倡多读书、读好书，反对读"死书"，认为看书、学知识不要唯书、唯上，要注重自己的独立思考，切忌"人云亦云"。

习近平总书记在2022年春季学期中央党校（国家行政学院）中青年干部培训班开班仪式的讲话中指出："什么是好事实事，要从群众切身需要来考量，不能主观臆断，不能简单化、片面化。"

如果思想高度决定人生高度，那么思考深度就会决定工作高度。基层干部要勤于思考、敢于思考、善于思考，更要知行合一、真抓实干，不驰于空想、不好高骛远，把思考谋划与实践实干相结合，一步一个脚印做好每一件事，弄明白"干什么""为谁干""怎么干"，把工作思路落到实处，无愧今天的使命担当，不负明天的伟大梦想。

多维度思考

多维度思考，是指从多角度考虑问题，就像在不同位置看到物体的成像不同，处在不同的角度上，对同样的事件也会有不同的思考。

宋·苏轼《题西林壁》中的"横看成岭侧成峰，远近高低各不同"，含有人生哲理的诗句的多维度理解，揭示了一个简单的道理，那就是从不同角度、不同层次出发对同一事物或问题进行分析，找到解决问题的方法。

作为基层工作的实施者、基层政策的执行者、基层生活的革新者，基层干部要拒做"单维度"的人，不要"单维度"思考问题，以多角度、多层次、多维度的方式进行思考，这样思考问题既有"深度"，又有"广度"，可轻而易举地化解难题，也可改变印象和思维。

以乡村振兴为例，从政策学习者的角度，应了解国家为什么要实施乡村振兴战略？如何理解乡村振兴？省、市、区又有什么新的部署和新的要求，有没有出台相关的配套政策，有没有扶持资金？

……

从政策执行者的角度，应思考如何让乡村振兴落地见效？如何因村制宜，量力推进？如何确定努力方向、用力重点？近期要达到什么目标，远期要实现什么蓝图？

……

从政策落实者的角度，应考虑如何发挥村庄的优势和群众智慧？钱从哪里来？人从哪里引？培育什么特色产业？如何实现一二三产业的深度融合？

……

只有从不同角度考虑这个问题，把事情一点点、问题一条条地搞清楚，才会遇事从容、处事淡定。正如心理学专家们认为，具备多维度思考能力是内心强大的人的特质之一，也是真正优秀的人的共同点。

换位思考

换位思考，顾名思义就是要想别人所想，多站在别人的角度上思考，设身处地为他人着想，是理解至上的一种处理人际关系的思考方式。

孔子的"己所不欲,勿施于人"讲的也是这个道理,这也是最好的思维方式、最好的沟通方法、最佳的工作措施。在开展群众工作时,基层干部要严格遵守这一"黄金法则",以"责人之心责己,恕己之心恕人",学会换位思考、换位做事、换位做人,多站在群众的立场上看待问题、分析问题、解决问题,把群众满意不满意、高兴不高兴当作工作成效的唯一标准,真心实意为群众做实事、做好事。

在工作中,换位思考可以让难题迎刃而解。比如,面对"上访"维权的群众,多站在对方的角度想想,是因为他们的利益没有得到保障,被人挤占了;还是因为他们的想法没有得到认可,被村庄干部误解了;或者是因为他们对政策的理解存在偏差,被人"误入歧途"了……只有弄清问题的根源,才能对症下药,彻底解决问题。

人们往往因为所站的立场、所处的环境不同,对事物的看法和判定结果也会不同。鲁迅先生在文学评论中讲矛盾的产生中说道:"矛盾冲突源于冲突双方都站在自己立场考虑问题,认为自己是对的,矛盾才因此产生。"

在做群众工作时,基层干部要站在群众的立场,把群众当亲人,了解群众内心深处的想法,扑下身子走基层、接地气,与群众一起劳动一起"唠唠嗑、拉拉家常、听听实话",亲身感受群众的所想所难,掌握基层的第一手资料。只有这样,才能做到想民之所想、急民之所急,才能更好地为群众解决问题、为群众谋求福利。

唯有换位思考,才能设身处地考虑到群众的困难、想法和感受;唯有换位思考,才能够赢得群众的支持和理解。

独立思考

独立思考是指独立面对所有事情自行思考解决方案，独立操守、独立实践，也就是遇到问题要学会自己找答案，不要找别人要答案。

每个人都是独一无二的，都要有自己的独立思考和独立判断。如果缺乏缜密的思考论证和独立自主的判断，想要做好一件事是不可能的。

基层工作琐碎繁杂，考验着干部独立思考和研判决断的能力。因此，作为基层干部要学会独立思考，可以避免人云亦云、避免盲目随从、避免被误导，形成自己相对独立的认知体系，凡事都要有自己的主张或意见，让个人心智成熟，做到任"理"不任性。

除了坚持不懈的学习实践，最重要的就是要培养主动思考的习惯，凡事多想个"一二三"，养成"打破砂锅问到底"的追根究底精神。无论是做决策、搞部署，还是办业务、干工作，基层干部都要养成独立思考的品质，多问几个"是什么""为什么""怎么做"，跟自己"死磕"到底，直到把问题想明白、把道理搞清楚、把难题解决掉。

不愿思考、不愿动脑子是人性的弱点，需要与己顽强斗争，重塑自己的思辨体系。但在实际工作中，部分基层干部往往抱着"只求过得去、不求过得硬"的想法，不愿想、懒得想，导致干事创业缺乏昂扬向上、开拓进取的精气神，以至于效果不佳、成效不明显。

物理学家周培源曾说："独立思考，实事求是，锲而不舍，以勤补拙。"学会独立思考，让自己成为一位与众不同、善于思考的人。

深度思考

深度思考就是准确把握事物本质或运行底层逻辑的能力,获取的事物本质和底层逻辑越准、越多或越快,深度思考能力就越强。

深度思考的能力不是每个人都具备的。深度思考是一个由浅入深、由表及里、由此及彼,逼近问题本质的过程。思考如果只是流于表面,缺乏刨根问底、深挖细抠的精神,就会很容易被表象所迷惑,导致工作停滞不前。

世事洞明皆学问,人情练达即文章。基层干部每天都面临着新情况、新变化、新挑战,如果安于现状、得过且过,用老思路、老办法、老经验对待这些新情况、新问题,则无异于"削足适履""刻舟求剑",见他人之常见,但想他人之未想,学会在思考上更深一层、更进一步,有利于深入分析问题、剖析矛盾,有利于把握事物内在规律,更好地推动工作。

有时,你会发现同样的工作,有些人做得很好,有些人做得很一般,究其原因则是未能深度思考,考虑得不全、考虑得不细、考虑得不广。只有深思熟虑到这种"看见结果"的状态,才能完成前人从未做过的事业、创造性的事业,或者需要突破重重壁障的极度困难的事业。

解决一个难题,攻克一个难关,或者突破一个瓶颈,就需要深度思考方式。深度思考就像挖"石油"一样,如果挖得太浅,就挖不到。在工作中,要达到一定要看见事情的结果这样一种心理状态。

业成于专

【案例】

陈海波,从事即墨历史的挖掘、保护、研究、宣传、展览工作已30多年,著有《书画鉴赏录》《即墨历代书画家传略》,主编《走进金口》《杨氏诗文集》《即墨通济新区经济发展研究》等,参与策划即墨金口风俗馆、段泊岚柳腔展馆等布展工作,是即墨响当当的文化"大咖"。

与他相识,因工作关系,因即墨古城项目。当年,为传承千年历史文脉,改善人居环境,再现墨邑重华的盛景,即墨做出了一项载入历史史册的重大决策——复建即墨古城。这是一项浩大的、系统而艰巨的工程,古城片区规划建设指挥部充分依靠本地文化研究工作人员的集体力量,借助国内知名专家学者的诸家智慧,共同研究、共同论证、共同规划,将有代表性的历史文化植入即墨古城,将有区域性的文化元素准确落位。

陈海波作为指挥部文化研究组的一员,全程参与了即墨古城前期历史资料搜集、论证,即墨古城规划设计、项目建设、文化研究、文化植入、文化落位,每个阶段都有他的参与,每个项目都有他的建议,每种文化都有他的解读，可以说他是对即墨古城历史文化了解最全、用情最深、用心最实的人之一。

对于即墨历史文化，他无所不知、无所不晓，总是出口成章、滔滔不绝。

比如，即墨明清时代名门望族"周黄蓝杨郭"，究竟是什么样的家族，能够这般绵延千里，名人辈出？每个家族都有哪些名人？周如砥、黄嘉善、蓝章、蓝田、杨良臣、郭琇……每个人都能说得清清楚楚。

即墨古城里面有历史记载的牌坊有多少座？每个牌坊的由来是什么？

万字会是由谁创建的，什么时候被评为文保单位？

……

除了拥有专业的知识，他还具备专业的精神。翻看他的工作笔记本，什么时候开什么会，什么时候去哪里外出学习，在哪次会议上发表了什么建议，在哪个项目论证时提出什么意见，一件件、一桩桩记得清清楚楚。正是因为有着像他这样一群对历史文化积蓄很厚重、对历史文化研究很执着的专业人士，才原汁原味地把即墨古城复建完成。

唐·韩愈《师说》中说："闻道有先后，术业有专攻，如是而已。"

百艺通，不如一艺通。

人之才，成于专，而毁于杂。

学贵专门，识须坚定。

术业专攻应该是当今社会每个人的价值追求，每个人都有自身擅长的事，怎样把擅长的事做好、做实、做细、做到极致，是值得每个人思考的。

基层干部要学习新知识、掌握新本领，注意培育专业能力、专业精神。只有真正成为让人信服的行家里手，全面提高政治能力和业务水平，才能有效应对和化解世界变化、时代变迁、任务发展所带来的新挑战和新风险。如何提升基层干部的专业化能力，如何提高基层干部适应新时代、实现新目标、落实新部署的能力，如何提升基层干部"爱一行、精一行"的专业精神，已成为每名基层干部必修的一个重要课题。

具备"专业能力"

党的二十大报告提出，要"建设堪当民族复兴重任的高素质干部队伍"。对基层政府而言，应着力打造一支高素质专业化的基层干部队伍，满足发展需要、满足群众期待。

当前，基层人员比较短缺，而且混岗使用现象比较突出，往往是哪里活重、人员就去哪里；哪里事多、人员就去哪里，甚至存在被频频"挪作他用"，导致他们丢了"老专业"，"新业务"还不熟悉。特别是面对纷繁复杂的基层难题时，有些基层干部在知识结构和专业素养方面显得捉襟见肘，甚至还会被工作牵着"鼻子走"，打不开工作局面，突破创新、推进基层改革发展更是举步维艰。

正所谓，"术业有专攻"。基层的不同部门、不同岗位有着不同的专业能力要求，基层的持续健康的运行发展，需要党建、法律、财政、商贸、物流、工程建设等方面的专业人才。虽然基层更多地承担着社会稳定职责，经济发展的职能有些弱化，但对专业人才的标准要求却"不降反升"。比如，财经人才，之前可能只需要懂些财经等方面的业务就行；现在，随着政府投资项目大多发行使用政府专项债，就对财经人员提出了更高的要求，要知道专项债券都支持哪些领域，哪些政府投资项目可以申报，申报的流程都有哪些，融资成本优势在哪里，专项债券负面清单涉及哪些等，与之相近、与之相关的专业知识基本上都要掌握、都要了解。招商、城建、农业等其他的专业岗位对工作人员的专业水平、专业能力要求也越来越高。

就基层而言，专业化干部队伍建设绝非一日之功，不可一蹴而就，要在实际工作中抓好基层干部专业能力的提升，将干部的专业化建设落实基层工作的全过程。

培养"专业精神"

古人云："勤能补拙。"基层工作千头万绪，小到群众之间的口角，大到民生项目的建设，只有做到专业专注，才能一一完成这些工作。

当前在一些专业性比较强的基层部门，受各种因素影响，专业干部短缺，或多或少存在"外行指挥内行"的现象，跨专业、跨领域任用干部在基层并不少见，但不影响基层各项工作的正常运行。这就要求培养基层干部的"专业精神"，以此弥补"专业能力"方面的不足。

无论你是"半路出家""掌舵"专业部门的，还是"学的是这个专业、干的是那个专业"的，对本职工作都要高标准、严要求，只有经风雨、见世面，才能长见识、增才干；只有经摔打、见难题，才能得"真经"、镀"真金"。而不能仅仅是"当一天和尚，撞一天钟"，得过且过、平平淡淡地"混日子"。平日里，基层干部要加强自己对职业的规划，通过不断加强专业培训、专业历练，进一步明晰专业的发展路径、调动学习的积极性，促进自身在不断学习、尝试和发展中强化专业精神；要从工作中获得乐趣，热爱自己的工作，才能够耐得住清贫和寂寞，在自己平凡的岗位上数十年如一日地默默付出，靠着传承和钻研，凭着专注和坚守，不马虎、不应付，注重细节、尽善尽美，为基层做好每一项工作、为群众办好每一件事情。

注重"专业培训"

专业化培养是造就高素质干部队伍的重要方式，提升专业素质是基层干部提高管理能力的必然要求。区分政府系统的不同岗位，哲学、工学等不同门类，以及财政金融、规划建设等不同专业领域，储备一批高层次专业型干部人才，建立分层分类的专业型后备干部数据库，实现针对干部的专长进行检索查询和培养发展。

一方面，基层政府要利用党校、高校等优质教学资源，针对能力短缺、素质短板、方法短路问题，有的放矢、对症下药，加大基层干部素质能力提升力度，帮助他们克服"本领恐慌"、补齐"素质短板"，促进他们以新理念引领新实践，搞清楚"怎么看""怎么干"，解决不适应、不会为、不善为等问题。同时，用组织参观学习来开阔眼界、提高专业化水平。

另一方面，基层干部要坚持"干什么学什么""缺什么补什么"，增加专业化学习的频度和深度，有针对性提高专业知识、专业技能，提高专业办事的能力。

"工欲善其事，必先利其器。"基层干部可以通过持之以恒的自我学习，不断增强适应新形势新任务的信心和能力，使之在基层一线成长成才。

业兴于勤

【案例】

在原即墨市南泉镇政府工作期间，笔者结识了一位部队转业人员，他叫王周孔，当时他40多岁，虽然言语不太多，但处事稳正、待人随和，同事们都非常亲切地称呼他"老头儿"。

"老头儿"年轻时在部队当勤务兵，无论是行车技术，还是修车技术，是汽车连数一数二的"顶尖高手"；转业分配到地方就在南泉政府继续干着老本行，从事工勤工作，也算得上是南泉政府最勤快、最勤奋的人之一。

当时，他开着一辆红旗公务轿车，每天都是自己洗车，车里车外擦洗得干干净净、锃亮锃亮的，跟刚买的新车似的；每次接到出车任务时，他都会查看一下车况，加好油、规划好行车路线，做好出车各项准备工作，提前将公车停放在规定的位置等候用车的领导和同事；每次完成任务后，都会主动到办公室报备，填写出车记录。从事工勤工作30多年，他安全驾驶，没有发生一起事故，没有出现一次问题。

不管是工作日，还是节假日；不管是分内工作，还是分外事，只要领导安排、工作需要，"老头儿"都会二话不说，就是一个"好"，把活接下来，准时高效地完成。

在这个平凡的岗位上，"老头儿"一干就是30多年，直至退休……

"天道酬勤""业精于勤荒于嬉"。勤奋是古今公认的重要美德之一，也是人们得以生存、繁衍、发展的基本力量。

晚清中兴的四大名臣之一曾国藩，号称"千古第一完人"，其人生"六戒五勤"堪称经典，值得细细品味。"五勤"，"一曰身勤：险远之路，身往验之；艰苦之境，身亲尝之。二曰眼勤：遇一人，必详细察看；接一文，必反复审阅。三曰手勤：易弃之物，随手收拾；易忘之事，随笔记载。四曰口勤：待同僚，则互相规劝；待下属，则再三训导。五曰心勤：精诚所至，金石亦开；苦思所积，鬼神迹通"。

新时代，"五勤"精神被赋予了全新的时代意义和全面的现实内涵。基层干部要适应新形势、新要求，切实做到学勤、眼勤、手勤、口勤，才能出色地完成各项工作，才会更好地贴近群众、践行初心，更好地内化于心、外化于行。

"学勤"就是要勤奋学习

吾生也有涯，而学也无涯。作为基层干部加强学习，不仅是个人的需要，更是国家的需要、人民的需要，要善做虚心之竹，不断学习、不断提升，切实保证国家政策顺利落地、群众诉求顺利达成。

挤时间学。常常是"眼睛一睁，忙到熄灯"，如何处理"工""学"

矛盾，科学安排学习时间，是基层干部亟须解决的棘手问题。正如鲁迅先生所说："时间就像海绵里的水一样，只要你愿挤，总还是有的。"基层干部要学会利用零碎时间，真正安坐下来、深入进去，把更多时间用在学习和思考上，做到积少成多；可以从生活中挤出时间，每天坚持挤出半小时，读书三四页，天长日久终有所得；可以从工作中挤时间，善于利用时间的边角料，利用等车、等开饭、上下班坐班车的时间来学习，看看报纸、学学强国，增强知识储备，提高学习质效；可以从娱乐中挤出时间，少看一会儿电视、少玩一会儿手机，再想办法减少一些应酬，节省下的时间用在学习上；可以推掉一些无关紧要的活动、拒绝没有意义的宴请，从应酬中解放出来，给自己充充电、补补脑。

　　向书本学。新形势下的基层干部必须养成坐下来读书、沉下来研究、静下来思考的习惯，多读书、读好书。基层干部要把系统掌握马克思主义基本理论作为看家本领，原原本本学习马克思列宁主义、毛泽东思想、邓小平理论、"三个代表"重要思想、科学发展观、习近平新时代中国特色社会主义思想等理论书目，坚持用科学理论武装头脑；要紧跟知识更新的步伐，加强现代市场经济、现代社会管理和现代信息技术等领域的学习，不断汲取新知识、熟悉新领域、开拓新视野，真正成为一名懂理论、懂专业的行家里手。用学习武装自己的头脑，坚定信仰，拓宽眼界，坚决树牢"四个意识"、坚定"四个自信"，做到"两个维护"，将个人角色放入工作角色中，将基层工作放到时代潮流中去考量。

　　向群众学。历史唯物主义告诉我们，人民，只有人民，才是创造历史的动力。人民群众中蕴藏着无穷的智慧和力量，正确汲取人民群众的智慧和力量，才可以更好地积累干部的经验。而要做到这一点，基层干部就要牢固树立群众观点，坚持实事求是、深入基层一线进行调查研究，厘清问题的来龙去脉，找到问题的突破口，因地制宜地提出解决问题的思路与对策；时刻保持谦虚的姿态，不断充实自己，低调做人、高调做事，做"勤学"的基层干部。

"眼勤"就是要一丝不苟

基层工作的复杂多变性，要求基层干部要有十足敏锐的"眼力"，要眼中有人、眼中有活，有敏锐的眼力、有长远的眼光、有宽广的眼界。

眼中有人。眼中要有领导，在人际沟通中掌握一个"度"，学会如何与人交流，把握好说话的技巧、做事的方法。眼中要有同事，遇到一个人做不上来的工作，及时向同事沟通交流，时刻牢记团结协作的重要性，在工作中多一点理解，少一点埋怨；多一点包容，少一点刻薄；多一点热情，少一点冷漠。眼中要有群众，群众有建议，要记下；群众有问题，要解决；群众有需求，要帮助；诚心诚意帮助群众解难事、办实事、做好事，当好人民群众的"勤务兵"。

眼中有活。不愿做小事、不愿做一些琐碎的事，对于举手就能干的"鸡毛蒜皮"小事，或是觉得"屈才"，或是认为"这不是我的事，别人不干我也不干"……这是少数基层干部价值观产生偏差、急功近利的现实表现。基层干部要充分认识到做好"小事"是做"大事"的基础保障，坚决摒弃"眼高手低"，从小处着手、从点滴做起，把每一件举手之劳的身边事、琐碎小事做好，能够主动找活、干活，不断提高自身对工作的目标要求；能够乐于助人，齐心协力、相互补台地干好每一件工作，把自己练成"多面手"，保持"空杯"状态，吐故纳新，主动接受多岗位多环境历练，持续学习、不断进步。

"手勤"就是要踏实勤勉

空谈误国，实干兴邦。身为基层干部，一定要克服"光说不干"的不良习惯。只有通过实际行动勤干事，才能干成事；多干事，才能干好事。

伸出援助之手。同事要是在工作中遇到什么困难了，你千万不能坐视不理，而应该问问同事哪个环节出问题了、哪个地方能帮一下。如果是工作方法的问题，你可以给同事以指导，如果时间充裕，不妨给同事做个示范；如果是工作量的问题，不妨慷慨地牺牲自己一点休息时间，帮同事分担一部分。有时候，群众可能遇到生活上的困难，你要大度地给予力所能及的帮助。尽管你的帮助也许只是杯水车薪，然而对群众来说，他会感觉到受助的温暖，觉得没有被遗忘。基层干部主动帮助同事、帮助群众，也许会占用你的时间，但会让你的整个职业生涯的发展受益匪浅，你的举动会为你赢得良好声誉，增加同事和领导对你的好感。

打开记录之手。"好记性不如烂笔头"告诫大家：无论你的头脑记性多好，都有遗忘的时候；而你在学习时的要点内容，或重大事情的记录记载，无论过多长时间，即便你的大脑已经空白了，但你的笔记不会遗忘你记录下来的内容。基层干部要学会用笔和本子记录，认真梳理平日工作经验，整理心得体会，下次碰到同类问题便能够追根溯源，寻求破解之道；记录群众的基本情况，记录群众的诉求，对群众反映的实际困难和提出的合理化建议，都要一件一件地去落实。如果背离了"手勤"精神，不仅有害于工作的推进，更会阻碍党和国家事业的进一步发展；不仅不能用自己的实际行动影响同事、凝聚群众，更会在党群干群关系中竖起一道无形的"隔离墙"。

"口勤"就是要学会表达

口头表述是表达自己意思最主要的形式，也是工作沟通最有效、最方便、最明白也是最重要的工具之一。

当好宣传者。用最朴实、最亲切、最简单的"群众语言"向群众传播党的好声音、宣传党的好政策，是基层干部做好基层工作的必备技能。作为基层干部，要主动认真研读党和国家各项惠农惠民政策，在读懂、吃透的基础上结合当地群众实际进行解读，用好用活各类宣传教育资源，充分利用村级服务平台、文化书屋、"大喇叭"、微信群等不同宣传媒介，走进田间地头，与群众拉家常、话农事、说民生，心平气和、不厌其烦地把对群众生产生活管用、实用的政策讲明白讲清楚，将一项项惠农惠民政策宣传到每一村每一户每一名群众。只有这样做，才算是群众的积极引导者。

当好汇报者。向上级汇报、请示、提意见、提建议、提要求；跟同事协商、沟通、配合、交流；向下级传达、宣传、督促、指导，无一不是依靠口来进行。所以说，语言，即通过口，是人们最简单、最明白、最直接的工作劳动的工具。"口勤"是表现工作勤奋的一种最重要的标准之一，也是勤奋工作最重要的标志，所以工作中要做到"口勤"！

勤奋才能出彩，敬业才有未来。作为基层干部，就是要做到"学勤""眼勤""口勤""手勤"！创造美好的基层生活就是需要"学勤""眼勤""口勤""手勤"的有效结合！

行为篇

在其位，谋其政，担其责。基层干部要用心做事、用情做人，培育工匠精神，时刻追求卓越，对工作任劳任怨、善始善终、精益求精，敢想、敢做、敢当，真正全心全意为人民服务。

面对纷繁复杂、千头万绪的工作，基层干部要俯下身去、沉下心来，敢于迎难而上、敢于冲锋陷阵，以钉钉子精神抓好每一项工作落地落实；要不怕苦、不怕累，主动到乡村振兴、基层治理等重点工作一线，磨砺意志、锤炼品格，以"功成不必在我"的境界和"功成必定有我"的担当，保持工作定力，创造一流业绩；要干一行、爱一行，勇挑最重的担子、敢啃最硬的骨头，在关键时刻和危急关头豁得出、顶得上，充分展现基层干部的风采。

善始善终

【案例】

2015年,根据时代发展和即墨古城运管的需要,即墨古城管理办公室应运而生。刘承栋、仇甜田也成为即墨古城管理办公室第一批正式招录的事业编制工作人员。

当时,即墨古城片区规划建设指挥部和即墨古城管理办公室合署办公。身在指挥部综合协调组的刘承栋,主要承担即墨古城片区改造项目综合材料、会议纪要、会议记录、大事记等文字工作。即墨古城片区改造项目作为即墨历史上最大的棚户区改造项目、传承千年历史文脉的重大项目,文字档案工作尤为重要。大事记作为文字材料工作其中的一项,需要精简记录即墨古城片区改造项目的重要活动、重要工作、重大成绩。表面上看起来这些"活"不是很多,但也是很烦琐、很耗时的。

从就职上岗之日至即墨古城建成之日,刘承栋每天坚持着记录古城发生的事情,从未间断、从未停歇,用文字的形式完整记录着即墨古城项目从规划设计、工程建设到招商促进、运营管理的全过程。平日里,他会利用上班琐碎的时间、下班空闲的时间,主动对接指挥部的规划建设组、投资融资组、文化研究组、宣传推介组等,将每天发生的特别事情和重要工作,逐一核实、统一纪实,让人们看到后能够一目了然。

正是因为如此,即墨古城生长记录才那么真实、完整。

先秦·庄周《庄子·大宗师》中写道:"善妖善老,善始善终。"大体意思讲的是,做任何工作、做任何事情既要有好的开头,也要有好的结尾。

早在2013年6月28日全国组织工作会议上,习近平总书记就指出,担当就是责任,好干部必须有责任重于泰山的意识,坚持党的原则第一、党的事业第一、人民利益第一,敢于旗帜鲜明,敢于较真碰硬,对工作任劳任怨、尽心竭力、善始善终、善作善成。

"善始善终、善作善成",是习近平总书记的个性话语,是他多次强调的方法原则。作为基层干部,无论对待职业,还是对待事业,都要做到"善始善终""善作善成"。

从"善始"起步

好的开始是成功的一半。因为在成功之前,需要通过每个人自己去努力、去争取、去实现;从点滴做起、从细节做起,重视量的积累。只有善始,才能真正做到善终;否则无法谈及善终。

"善始",就要善于运筹帷幄。俗话说:"万事开头难。"基层的每项工作、每件事情,都必须通盘考虑、运筹帷幄,一步接一步,一环扣一环,不能毫无章法,而应蓄势待发,做好开头的工作,就成功了一半。

比如，现在鼓励农业规模化发展、提倡规模化种植，土地流转或土地租赁现象比较普遍，但也是矛盾问题比较多的领域，涉及是否符合土地管理有关法律法规，是否依法依规实施等方面的问题，涉及干群的和谐、村庄的稳定、农民的利益等诸多方面，看似是单项工作，实际不是单项工作，这就需要基层干部进行综合性考虑、全局性研判，谋好篇、布好局、开好头。

"善始"，就要善于精心组织。当着手一项工作时，提前做好研判，既要有方案，又要有预案；既要有计划，又要有步骤。对于一些常规性工作，目标是什么，任务是什么，措施是什么，怎么才能实现、怎么才能完成，事先要有解决问题的思路。对于一些突发性事件，要根据实际情况，制订应急预案；一旦问题发生，就能够尽快加以应对，并予以解决。比如，每年防汛救灾工作，各镇街都会结合各自实际情况，制订切合自身的应急预案，包括人员的安全、资源的调配、物资的保障等各方面的保障工作。只有组织好，才能把事情办好、工作干好，才能做到从容不迫。

以"善终"导向

"善终"指的是为人做事的终极目标，是需要以极大的恒心与毅力，坚定的理想与信念来达成的。在实际中，有些基层干部在开展工作、办理事情时，会遇到各种各样的情况，导致工作半途而废或功亏一篑，只能"善始"不能"善终"，这是十分可惜的，在基层这种现象不在少数。所以，做任何事情、干任何工作都要"善始善终、善作善成"。

"善终"，就要始终如一。不管是上级交办的事项、部署的工作，还是常规性工作、临时性工作，基层干部都要坚持一切从实际出发，按照客观规律办事，一张蓝图抓到底，杜绝短期行为、拔苗助长。比如，早些年的村庄规划，一任新两委班子一个新规划，有的规划甚至天天在修改，有的工程"今天建明天拆"，造成很大的浪费。"规划规划，纸上画画，墙上挂挂"，规划的严肃性受到了很大损害。2013年12月3日，习近平总书记在主持中共中央政治局就历史唯物主义基本原理和方法论进行集体学习时，强调要"坚持一张蓝图绘到底"，一方面要把蓝图绘好，通过进行长时期的调查研究，制订出科学的工作规划，为此后的工作提供指导；另一方面，要坚持蓝图，努力一步步地把蓝图变为现实。

"善终"，就是要坚持不懈。"慎始敬终"，就是警示所有人要"咬定青山不放松"。虽"作始也简，将毕也钜"，要做到"善终"往往不易，但要牢记"行百里者半九十"，坚持到底，面对困难局面"绳锯木断，水滴石穿"，方能"锲而不舍，金石可镂"。要干成一件事，干好一件事，或者能够干一件事，都是不容易的。作为基层干部一定要有坚持不懈、持之以恒的定力，有些工作或有些事情不是一次蹲点、一次调研、一次驻村、一次交谈就能够完全把握、了解透彻的；要从根本上了解问题的症结、抓住问题的关键。下基层必须克服"运动"式思维，走出"短期"误区，以坚持下基层的方式，彰显破解基层难题的耐性和韧性，在坚持下基层中寻找具体对策、检验成效，不断总结、改进、优化、提升。

有"始"有"终"

老子曰："民之从事，常于几成而败之。慎终如始，则无败事。是以圣人欲不欲，不贵难得之货；学不学，复众人之所过。以辅万物之自然而不敢为。"人们做事情，总是在快要成功的时候失败。如果在事情快要完成的时候，也像开始时那样慎重，就不会有办不成的事情。

初心不改，始终相随。伟大的历史学家司马迁从青年时代就立志写一部纪传体的通史。为了写好这部通史，他游历名山大川，寻访先人踪迹，搜集风土民情、历史传说，做了大量的资料采集。然而因为"李陵事件"，司马迁触怒汉武帝，遭受了人生奇耻大辱被施以宫刑。面对这奇耻大辱，他毅然忍受住非常人所能忍受的痛苦，奋发图强，自强不息地继续进行未完的事业。正是由于他忍辱负重、善始善终的毅力，后人有幸得以一睹《史记》这一千古绝唱。能够做到善始善终的人是可敬的，只能善始不能善终的人则是可悲的。

初心不忘，始终相守。基层干部做事要有始有终，这不仅仅是职业道德的体现，也是人格魅力的展现。在这个过程中，不能遇问题就踩刹车、不能遇瓶颈就开倒车、不能遇矛盾就掉方向，要学会"见招接招""见招拆招"；要始终牢记自己的初心，时刻检视自己是否违背初心，能不能做到有始有终，认真地将其做好，就不会出现三心二意、半途而废的现象。当因工作产生疲劳情绪时，不能放任这种情绪的蔓延滋生，一定要做到坚持、坚持、再坚持，真正以实干和过硬作风为基层工作新发展添砖加瓦。

不论起点还是终点，它们都是美丽的。然而更美丽的，是"奋斗路上的那种坚持不懈"；即使起点再美丽，没有奋斗路上的那种善始善终的坚持，起点之美也会因此变得暗淡。伟大的爱国诗人屈原曾说："路漫漫其修远兮，吾将上下而求索。"路漫漫，困难重重，若想得到日后成功的喜悦，首先就要拥有那种善始善终的坚持。

精益求精

【案例】

即墨古城，既是古城，又是新城，有历史元素，也有时代特征，是一座有"生活温度"的古城。继荣获中国建筑学会"2014年全国人居经典规划金奖"，又斩获第十三届中照照明奖照明工程设计奖（公园、广场）二等奖第一名，并入选国家文化和旅游部第一批"夜间文旅消费集聚区"名单。

在规划建设过程中，即墨古城片区规划建设指挥部充分尊重历史、尊重设计单位意见、尊重专家学者建议，依据清同治版县志、遗存老照片等史料，其中早年德国汉堡大学教授吴淑曼捐赠几十张清末民初时期即墨古城的老照片，可以清楚地看到当时即墨古城的老牌坊、城门楼等建筑。为了更真实地还原即墨古城，当时指挥部聘请清华大学华清安地建筑设计事务所编制了古城修建性详细规划，该所曾经参与福州三坊七巷、云南丽江古城等项目的规划编制工作，设计水平在国内是一流的，他们严格按照史料记载的建筑形态恢复，在建筑细节把握上非常负责，保持了对历史的尊重和延续。

规划出炉后，时任故宫博物院院长单霁翔，全国政协常委、中国文联副主席冯骥才，全国政协常委、中国著名历史地理学者葛剑雄等国内知名的专家学者先后对规划方案进行把脉，历经一年多的时间，反复修改，不断完善，确保了即墨古城规划的权威性、科学性、前瞻性，达到精益求精、尽善尽美的要求。

冯骥才先生认为，即墨古城总体规划设计起点高，严格参照史料记载复建，统筹考虑建成运营管理，建筑质量高且精致、有品位。他还说，即墨古城建设者勇于钻研与担当的为民情怀给他留下了深刻印象。

建好即墨古城，将这笔历史文化财富留给后人，是当时这项宏伟工程的决策者和建设者的初衷。

"'如切如磋，如琢如磨'，其斯之谓与？"

习近平总书记在《办公厅工作要做到"五个坚持"》一文中指出："要牢记'天下大事必作于细''慎易以避难，敬细以远大'的道理，无论办文办会办事，都要一丝不苟、严谨细致、精益求精，于细微之处见精神，在细节之间显水平。"

精于工、匠于心、品于行。"工匠精神"是一种精益求精的工作态度、笃行务实的工作作风、勇于创新的工作方法，要求基层干部树牢对职业的敬畏、对工作的执着、对群众的负责。这种对工作痴迷的精神和态度，正是现在基层干部在干事中所要追求的。

新时代群众诉求越来越多元，群众工作也面临着诸多新挑战、新问题。迎接新挑战，解决新问题，基层干部必须俯下身来，汇"匠心"，凝"匠志"，累"匠艺"，迎难而上，攻坚克难。

坚守"工匠初心"

英国古典主义诗人、评论家塞·约翰生先生说过:"成大事不在于力量的大小,而在于能坚持多久。"面对如此复杂棘手的问题,基层干部要始终保持自己的"工匠初心",这样才不会在复杂的工作中迷失方向。但这也是一件"说起来容易,做起来却很难"的事情。

怀揣一颗"匠心"。政之所兴,在顺民心。新时代基层干部要常怀"匠人"之心,大力弘扬劳模精神、劳动精神、工匠精神,勤学苦练、深入钻研,勇于创新、敢为人先,以无我境界服务群众,以求精状态研究工作,以卓越追求促进发展。"杂交水稻之父"袁隆平先生想让中国人民吃上饱饭,于是便殚精竭虑接连攻破水稻超高产育种难题,付毕生心血于"禾下乘凉梦、覆盖全球梦"。基层干部作为服务基层、服务群众的先锋,更应具有"衣带渐宽终不悔,为伊消得人憔悴"的博大情怀,在各自的岗位上辛勤耕耘、稳扎稳打,一步一个脚印地锻造无我的至高境界。面对纷繁复杂的群众工作,基层干部更要坚定信念、执着专注,不为虚名、不为浮利,以不负人民的胸襟怀揣一颗"匠人"之心。

练就一颗"匠心"。从工到匠不是简单的跨越,而是一种质的飞跃和突破。世上没有平庸的"工种",只有平庸的工作态度。不平凡劳动者的成功之路启迪我们,平凡简单的工作只要有水滴石穿、久久为功的坚守,就能做出不简单、不平凡的工作成就。"天下大事,必作于细。"能成为一名真正的"工匠",无不是靠着精益求精、追求卓越的工作态度才获得成功的。作为一名基层干部,要认准目标,执着坚守,耐得住工作的枯燥与基层的寂寞，经得起权益的诱惑，为自己的意念执着，以"匠人"之心追求工作的极致。只有以精益求精负责任的态度对待工作，才能更上一层楼。特别是在基层一线工作的基层干部，面对面与老百姓打交道，工作任务直接关系着老百姓的切身利益，这就要求工作必须耐心求细，把事情做精做细，赢得群众的满意。

正如常人所说的："脚下沾有多少泥土，心中就沉淀多少真情。"

锻造"工匠精神"

"工匠精神"是基层干部干事谋业的精气神，更是基层干部学好"主修课"的源头活水，只有将其内化为自身的价值体系，常学常新、常思常悟，才能成为打通堵点和疏通难点、"政治强作风硬业务精"的新时代"匠人"。

尊崇"工匠精神"。对基层干部而言，工匠精神是一种职业精神，就是要在工作中爱岗敬业、苦心钻研、精益求精，不管在什么样的岗位上，都要执着坚韧、追求完美。比如，上级部门要求落实的各项工作，不能仅仅满足于完成任务，还要仔细琢磨如何把各项工作干得更好些；当科员时，要琢磨工作哪些环节需要优化、哪些地方需要改进，怎样才能做到"人无我有，人有我优，人优我精"。面对基层工作的新形势新任务新挑战，基层干部无论在什么样的岗位，做什么样的工作，都应向"大国工匠"致敬，当涵养"工匠精神"，将本职工作打磨出"卓越品质"，为乡村全面振兴、农村高质量发展注入源源动力。

弘扬"工匠精神"。2019年9月，习近平总书记对我国选手在世界技能大赛取得佳绩做出重要指示："要在全社会弘扬精益求精的工匠精神,激励广大青年走技能成才、技能报国之路。"这就要求基层政府为弘扬工匠精神营造良好社会氛围。弘扬"工匠精神",还要形成相应体制机制,健全技能人才培养、使用、评价、激励制度,注意提高劳模和技能人才的政治待遇、经济待遇、社会待遇,为劳模和技能人才发挥作用搭建展示的舞台,使他们在经济上有保障、发展上有空间、社会上有地位。

锤炼"工匠精神"。新时代是奋斗者的时代,是担当者的时代,正在不断汇聚起新征程新作为的磅礴力量。广大基层干部要始终坚守"讲政治、重公道、业务精、作风好"的"生命线",弘扬"执着专注、精益求精、一丝不苟、追求卓越"的精神,争做基层"匠人",推动基层工作提能提质提效,为助推区域经济社会高质量跨越式可持续发展提供坚强有力的保障。

练就"工匠技艺"

在工作中,从一个细节到一个数据,从一次谈话到一件小事,基层干部都要用心用情、功在不舍,方能在工作实践中锤炼出过硬本领,不断创新工作方法、雕琢自身的"匠艺"。

"匠艺"传承。匠艺,是通过勤学苦练、深入钻研获得的高超、娴熟的专业能力。基层工作摊子大、范围广、内容杂,比如,征地拆迁、脱贫攻坚、乡村振兴、社会治理等,许多工作并不能一蹴而就,坚持下去要想开展好,基层干部就必须不断与时俱进、熟悉政策、精通业务,使自己成为工作中的"能工巧匠"。要坚决抵制"短平快",充分发扬"安专迷",保持深入钻研、精雕细琢的干事劲头,不断提升自身综合素质和工作技能。唯有如此，才能实现工作技艺的"高精尖"。

"匠艺"创新。知常明变者赢，守正创新者胜。今天，已经进入全面建设社会主义现代化国家新征程的关键时刻，基层干部对待创新，切莫浮于表面，敷衍了事，要把"我行、我能、我愿意"当作座右铭，在深化改革中破解难题，在开拓创新中抢抓先机，当好撸起袖子加油干的领头雁、开拓者。同时，要不拘泥于惯性思维、不屈服于所谓业界标准，拒绝墨守成规、一成不变的老办法、老思路，钻出教条主义的"囚笼"，做到"苟日新、日日新、又日新"。因循守旧没有出路，唯有勇于创新、永不自满，才是出路，才会成功。

工匠是需要干一行爱一行的，既然选择了基层，那便要做到"择一事终一生"。基层干部要怀匠心、铸匠魂、守匠情、践匠行，能啃"硬骨头"，能接"烫手山芋"，把每一次民生工作当成工匠手里的艺术品细细打磨，把每一次民生问题当成铁匠淬火千锤百炼。

勇于担当

【案例】

青岛市即墨古城片区改造项目是即墨历史上最大规模的棚户区改造项目，涉及12个村庄和2个居委会大约5 000户，规划面积约98公顷、1 400多亩。

2013年1月18日，即墨市第十七届人民代表大会第二次会议通过了《关于实施即墨古城片区改造建设延续千年历史文脉的议案》，这在当时被称为"一号议案"，即墨古城片区改造项目的序幕，从这一刻正式拉开。

当时根据即墨市委的安排，成立了即墨古城片区改造项目工作领导小组，领导小组下设拆迁和规划建设两个指挥部，拆迁指挥部主要负责古城拆迁工作，拆迁指挥部组织体系由总指挥、常务副总指挥、副总指挥和成员单位组成，下设5个专项组和12个驻村（居）工作组，每个驻村（居）工作组由4人组成；实行指挥部工作体系，即墨经济开发区和通济街道涉及拆迁工作的事务纳入指挥部统一指挥。以村（居）为单位设立拆迁工作单元组，通济街道的大同村、西北关村、坊子街村为一个组，共组成12个拆迁工作单元组，实行包村市级领导总负责制度，单元组下设拆迁委员会，其中30～50户划分为一个工作网格。

拆迁指挥部涉及拆迁工作的重大决策由指挥部全体会议集体研究，各工作组严格落实。日常工作由指挥部总指挥或副总指挥召开调度会、碰头会研究，并通过专报、纪要、通报、简报等形式及时向包村市级领导通报。各专项工作组、驻村（居）工作组工作实行组长负责制，各工作组明确职责，能够迅速转变角色，做好拆迁各项工作任务。

整个拆迁工作分为五个阶段，即组建班子、工作培训，调查摸底、宣传发动，征求意见、达成意向，房屋征收、实施拆除和考核验收、全面总结。比如，第一阶段为调查摸底阶段，主要任务就是"三个摸清"：第一个摸清是全面摸清房屋的情况，不管是公有还是私有，不管是住宅还是非住宅，不管是商业还是兼用，所有情况必须进行拉网式摸排，为下一步工作提供依据；第二个摸清是摸清群众的真实诉求和意愿，先拆矛盾再拆房屋，综合考虑古城片区的历史情况，做好分类统计，然后汇总分析；第三个摸清是摸清被征收人的主要社会关系。做到"三个摸清"主要采用以下两种方法：一是依靠村两委摸清群众情况，二是积极发挥拆迁工作委员会的作用。其他各个阶段的工作也都是如此研判、如此推进的。

正是因为这样，区域内涉及"老字号"商铺、民房、企事业单位公房等多种性质住房，仅历时半年多，就顺利完成拆迁，其间没有发生一起群体性事件、群众上访、恶性事件，这在城区改造拆迁中是不多见的。

回溯历史，烛之武、触龙用智慧和巧言勇于担当国家的危难；司马迁忍辱负重，用《史记》勇于担当历史赋予他的良史之职……

古代不乏担当的诗句，诸如唐·黄檗禅师《上堂开示颂》中的"不经一番寒彻骨，怎得梅花扑鼻香"。王勃《滕王阁序》中的"穷且益坚，不坠青云之志"。

宋·郑思肖《画菊》中的"宁可枝头抱香死，何曾吹落北风中"。

清·郑燮《竹石》中的"咬定青山不放松，立根原在破岩中"。

……

唯有担当，才能蜕变出美丽的人生。责任担当是领导干部必备的基本素质，干部就要有担当，有多大担当才能干多大事业，尽多大责任才会有多大成就。该承担的责任必须承担，遇事不推诿、不退避、不说谎，向组织说真话道实情，勇于承担责任。

担当是基层干部之魂。作为一名基层干部要主动接受挑战，勇于挑重担，深入扎实，求真务实，取信于民，尽心尽力地为群众谋福利、办实事；主动学习、主动思考、主动作为，在提升自我的同时有所创新。

危急时勇担当

新时代新要求，新担当新作为。越是重要关口，越见精神品质；越是关键时刻，越看担当作为。关键时刻，基层干部要挺身而出、全面靠上，勇做不倒的柱、不断的梁，到群众最需要的地方、任务最艰难的地方、困难最大的地方。

面对防汛救灾，基层干部要坚决克服麻痹思想和侥幸心理，在见微知著、防微杜渐上下足功夫，把每次汛情的形势想得更复杂一点，把每次抢险的挑战看得更严峻一些，在对每一版应急方案的完善、每一处细微隐患的排查中，强化值班值守、巡查巡视，确保不漏一处、不留死角，让各种风险隐患彻底消除在萌芽状态；要能够设身处地为群众着想，把群众当成自己的亲人，用真心换取民心，用负责换取信任，尽己所能守护好群众的生命财产安全；要能够将工作责任层层落实到每一个区域、每一项工程、每一处隐患、每一个岗位和每一个责任人，把各项举措做得更实、更细、更充分，坚决守住"少伤亡、少损失"的目标，全力以赴打赢防汛救灾硬仗。

面对严峻的疫情防控形势，基层干部要坚持严防死守、严格筛查、严密管控，按照上级要求迅速落实各项防控措施，全力以赴做好疫情防控工作，守牢安全防线。特别是在新冠疫情防控期间，基层干部通过对全员核酸检测现场布置、防疫物资保障、宣传引导、排查随访等各项工作进行安排部署，从严从细落实各项防控措施，提高"防疫速度"；通过网格分片走访、党员联户微信群通知、大数据推送等多种形式，加强重点人员排查，建立健全中高风险地区返乡人员、居家隔离观察人员核酸检测台账，严格落实居家监测和隔离，做到"底数清、情况明、措施实"，提高"管控精度"；通过对辖区内行动不便的老人、残疾人和监测对象等特殊群体开展核酸检测定向上门服务，积极协调生活和防疫物资的供应，提高"服务温度"。非常之时，应始终坚持以人民群众为中心，全力抓好疫情防控和民生保障。

困难时敢担当

古语说:"大事难事看担当,顺境逆境看襟怀。"对基层干部而言,面对发展中的难事,是退避三舍、推卸责任,还是勇于担当、迎难而上,体现着精神状态,折射着思想境界。凡勇于担当者,他们的境界是为公、为民,为他人而奉献、献身;凡不敢担当者,他们的境界是为自己,只顾个人利益得失,只会念叨自己的那一点"小九九",活得就会那么卑微、渺小。

难事不"畏难"。基层工作千头万绪,不可能一帆风顺。但是,工作中的"难事"也最能体现基层干部的综合素质能力,部分基层干部一遇到困难就想找借口或者理由逃避、拖延,看似躲过了一个个"困难",实际上失去了一个个提升自我、磨炼能力的机会。基层干部要有"难中取胜"的决心,破除消极畏难情绪,大力弘扬求真务实之风,到群众意见最多的地方去了解实情,到困难最艰巨的地方去研究对策,到工作最复杂的地方去寻找答案,努力形成符合科学发展的新观念、谋求科学发展的新思路、解决突出问题的新举措。

急事不"急躁"。基层工作繁杂琐碎,有时各种急事要事会交织在一起,让人"应接不暇"。有的基层干部由于经验不足,难免会急躁难耐、六神无主,不知从何下手,导致急中出错、忙中出乱,工作效率大大降低。因此,基层干部要"急中求稳",事情再急也要努力让自身"平静"下来,切忌心浮气躁、手忙脚乱,多一些冷思维、热思考,做到冷静面对、执着应对、认真查对,在"急事"中找到解决问题的思路和办法,去解决好基层工作中的每一件急事。同时,要向身边经验丰富的同事学习,学习他们处理问题的能力,努力克服本领不足、本领恐慌、本领落后的短板弱项,摆脱遇事急躁的尴尬境地。

面对矛盾和困难,基层干部要勇于攻坚、化难为夷,坐得住,静得下,始终保持强烈的事业心和责任感,树立干事创业的崇高追求、昂扬向上的精神状态,努力在推动发展中提升思想境界、展现人生价值。

平常时显担当

基层干部要敢于担当、勇于负责,无论身处什么岗位、担任什么职务,对自己负责,对群众负责,责随职走、心随责走。俗话说"打铁先要自身硬",有过硬本领才能真担当、真负责、有底气。基层干部要树立正确的政绩观,强化责任意识,把做官当成做事,把行权当成履责,真诚倾听群众呼声,真情关心群众疾苦,以群众的利益作为干事业的出发点,把为群众办好事做实事作为创事业的不竭动力。

小事不"小看"。大事难事,领导注意,媒体聚焦,群众在看,此时,很容易表现得非凡和不俗。然而,恰恰是一些平常小事、日常工作,领导不注意,媒体不聚焦,做没做群众甚至都不会知道。身处基层岗位的广大干部,接触最多的就是群众的日常"小事",但是一些干部热衷于干大事,不屑于干小事,违了民意、伤了民心,背离了办实事的初衷和方向。但实际上,群众的"小事"并不"小",如果连群众的小事都解决不好,更何况是大事。所以,基层干部要善于"小中见大",凡是涉及群众切身利益和实际困难的事情,再小也不能含糊,躬身入局、善作善成,发扬踏实肯干的作风,再小的事也要竭尽全力去办,用细腻真情将"小事"做到极致,将"细活"做出品质。

小事不"小办"。在面对大量复杂、繁重的日常工作时,还能不能像面对大事难事时那样,迎难而上、挺身而出,似乎是一个更严峻、更全面的考验。日常工作中表现得不俗,似乎比面对大事难事时表现得不凡更难。基层干部要有钉钉子的精神,钉钉子往往不是一锤子就能钉好的,而是要一锤一锤接着敲,直到把钉子钉实钉牢,钉牢一颗再钉下一颗,不断钉下去,这样才会大有成效。如果东一榔头西一棒子,结果很可能是一颗钉子都钉不上、钉不牢。一张好的蓝图,只要是科学的、切合实际的、符合人民愿望的,基层干部就要一茬一茬接着干,干出来的都是实绩,广大群众都会看在眼里、记在心里,每天多付出一点、多努力一点、多勤奋一点。别小看每天的这"一点",日积月累,就是了不起的成绩,就能久久为功,就能赢得群众的信任。很多时候,担当就是由这些每天的小事、琐事、具体事积累起来的。

基层干部要敢于担当,就必须树立正确的权力观、地位观、利益观,做到自重、自省、自警、自励,不为名利所累、不为物欲所惑、不为人情所扰,堂堂正正做人、老老实实做事,做到一尘不染、一身正气。只有这样,才能让群众信服、让群众佩服。

脚踏实地

【案例】

为切实保障和改善民生,不断满足人民群众的新期待、新要求,让广大群众更多地享受发展成果,增进民生福祉,促进社会和谐,青岛市即墨区本着民生优先、突出重点、普惠可行的原则,围绕涉及群众切身利益和社会普遍关注的城市建设、交通出行、医疗健康、困难群体保障、教育教学、就业创业、公共安全保障、文体活动、农业农村等方面,每年都会研究确定为民要办的实事。

2021年,即墨区确定为民要办的十件实事,共涉及70项具体任务,内容包含公共道路交通、教育医疗、就业创业、社会保障、文化休闲等方面,件件关乎民生、顺乎民意、温暖民心。

位于通济街道的元宝湖公园建于1988年,历经30多年,公园基础设施与绿化管理已无法满足周边居民需求。2021年,作为即墨区政府为民办实事项目,通济街道对元宝湖公园进行了全面提升。公园改造提升工程于当年10月全部完工,改造后的元宝湖公园色彩更加缤纷,居民活动场地大幅增加,并实现了全天对外开放。

随着城市化的不断推进,更加舒适便捷的公共出行条件也成为改善人民生活品质的重要内容。当年,围绕着聚力完善公共交通体系,即墨区更新了70辆大型清洁能源公交车,完成了10条公交线路调整,并伴随胶东机场的启用,新开通直达胶东机场的大巴公交,方便市民公交出行。

当年,即墨区贯通惠欣路、孟沙河一路两处"断头路";完成即墨区人民医院外科病房楼和特需病房楼改造;建设8处镇级居家养老服务中心,改造1 200张家庭养老床位,每户低保家庭取暖补贴由每年400元提高至600元;建设龙山高中,新建岘山小学、岘山幼儿园等13处中小学、幼儿园;累计新增城乡就业2.7万人,政策性扶持创业3 521人;完成22个老旧小区改造……

清·郑燮《竹石》:"咬定青山不放松,立根原在破岩中。千磨万击还坚劲,任尔东西南北风。"这首耳熟能详的古诗,描写了只有脚踏实地,才能顶天立地。

古往今来的杰出人物无不是脚踏实地,志存高远,一步一个脚印,用实干完善自我、用实践来成就自我。

习近平总书记年仅16岁就到延安一个小山村和乡亲们一起睡土炕,一起挑粪拉煤,一起拦河打坝,一起啃着窝窝头,不怕辛苦,脚踏实地,终成就亲民、爱民、受人民爱戴的好书记。个人如此,基层也是如此,唯有脚踏实地,方能实现长远发展。

面对新时期层出不穷的新形势、新目标,基层干部要主动适应新时代发展的背景,办事情一步一个脚印,踏踏实实,勤勤恳恳,在工作中掌握围绕中心、服务大局，既能懂宏观政策，又能干日常工作。

知实情

坚持从实际出发，前提是深入实际、了解实际，只有这样才能做到实事求是。身为基层干部，工作内容是在不停变化的，唯有不断地深入实际、了解实际，将理论同本地特色结合，想问题、做决策、办事情才能有方法。

深入实际、了解实际，是我们党的光荣传统。没有眼睛向下的兴趣和决心，是一辈子也不会真正懂得中国事情的。身为基层干部，是过去所有前辈的继承者，要继承他们的可贵精神、继承他们的优良传统，并在新时代的实际情况下、在基层的情况下，不断推陈出新、艰苦奋斗，走好"新时代的赶考路"，让乡村振兴、群众幸福。

深入实际、了解实际，是基层干部的工作方法。发展过程中遇到了难题，那就是对于基层的一些情况了解不够深入；找不到解决办法，那就是对基层实际情况不够清楚。有调查才有发言权，近的远的都要去，好的差的都要看，干部群众表扬和批评都要听，听真话、察真情，自然能够从不断的调查研究中找到问题之所在，然后成功解决工作中、发展中的难题。

在工作过程中，基层干部要始终深入实际、了解实际，在解决难题的过程中"不唯上、不唯书、只唯实，交换、比较、反复"，最终克服困难、完成任务。坚持从实际出发、实事求是，是对前辈们思想精神作风的继承，也是增见识、长才干，促实干、求实效行之有效的方法。

这个"实情",就是一切从实际出发,尊重实际、尊重规律、尊重科学。基层干部既要准确把握政策导向、改革方向、投资动向,主动对接上级、吃透上情,也要经常深入基层调研,了解群众意愿,熟悉本地情况,摸准下情,还要把上级精神和本地实际有机结合起来,因地制宜,拓宽思路,创新改革,努力走出一条符合本地特点的发展新路子。

出实招

政之所兴,在顺民心;政之所废,在逆民心,为政之道在于为民谋实事。基层干部要牢固树立全心全意为人民服务的宗旨,把群众赞不赞成、拥不拥护、满不满意、答不答应作为一切工作的出发点和归宿,切不可为了追求政绩,大搞形式主义,忽视老百姓真正的需求。

谋实事,要有定力。照着已经绘就的新一轮改革发展蓝图,一项任务接着一项任务地抓,一件事情接着一件事情地干,持之以恒,不动摇、不折腾、不懈怠。外部环境越是纷繁芜杂,基层干部越是要保持清醒的头脑、保持稳中求进的沉着定力,奋发有为,不断积小胜为大胜。

谋实事,要出实招。不能仅仅坐在办公室里纸上谈兵,一味照搬别人的办法,一定要走出办公室,深入基层一线,多走走乡村街道,和群众拉拉家常,多接一些"地气",认真倾听群众呼声,多了解群众所想、群众所盼、群众所求、群众所怨,了解民生诉求,及时发现工作中的新情况、新问题,解放思想,迎难而上,遇到困难不退缩,以钉钉子精神积极钻研,有针对性地提出新计划、新对策。

重实效

如何衡量基层工作是否达到预期的目标，取得比较好的成绩，就要看平时的工作是否抓落实、重实效。衡量一名基层干部是否合格的标准，其中一条就是是否拥有工作实绩。不驰于空想、不骛于虚声，新时期的基层干部就要崇尚实干，注重落实，干在实处，走在前列。

干工作要以结果为导向，抓好问题解决。现在，有些基层干部在干工作的时候虚多实少，喊口号的花架子多，抓落实的硬功夫少。比如，习惯于做"传声筒""播放器"，表态很多，调门儿很高，但行动很少；调查研究喜欢搞形式、走过场，应付上级检查，像打造旅游线路一样打造"经典调研线路"；服务群众"门好进、脸好看"，但还是"事难办"，将过去的"管卡压"变成了现在的"推绕拖"，这种现象或多或少地存在；工程建设重面子轻里子；奉行好人主义，怕坚持原则得罪上级，怕说真话得罪同级，伤了和气，工作难以开展等，这些既是事业心、责任感不强的表现，也是作风漂浮、形式主义作祟的结果。这些危害会大大降低工作实效，同时严重影响党和政府在人民群众心中的形象。

干工作要以过程为导向，抓好工作落实。要树立坚强的理想信念，认识到自身工作的责任感和使命感，要将自己的工作与人民群众的利益紧紧相连，尤其是基层干部应深入基层，深入群众，不断改进工作方法、切实转变作风，进村入户时与他们做好沟通，帮助他们解决生活中的各种困难和问题。如果还是按部就班地工作，各项重点工作就不能取得突破性进展。同时，基层干部要不断提升自身的素质和专业化水平，加强自我革命,增强工作本领,这样,在面对困难工作的时候才不至于畏首畏尾。

空谈误国,实干兴邦。基层干部要躬行实践,努力在各方面成为全社会的表率。以"抓铁留痕、踏石留印"的韧劲苦干实干,干出实效,才能带领广大人民群众实现美丽的"中国梦"!

交流篇

交流是基层干部之间的思想交流、工作交流、情感交流，也是基层工作的信息共知、问题共解、经验共享。

在基层工作中，会沟通、善交流，是基层干部的必备技能之一。年长同志要倾囊相授，授人以渔，助力年轻同志快速成长；年轻同志要敏而好学，虚心请教，取长补短；领导同志要率先垂范，平易近人，凝聚合力。同时，还要多走出办公室、多深入田间地头，亲眼所见、亲耳倾听、亲身体验，了解群众所思所想所需，在语言交流、思想交流上与广大群众能共鸣、能沟通、能契合。

"听君一席话，胜读十年书"，交流的重要性不言而喻。不放弃任何一次交流、不忽视任何一次沟通，或许你会在不经意之间收获、进步、成长。

授人以渔

【案例】

有人说，写材料不就是捣鼓"字儿"，文字游戏而已吗？其实不然。写材料是一项研究工作、研究逻辑、研究文字的综合性过程，不是想的那么简单，也不是想的那么轻松。

在青岛市即墨区政府政研中心工作或代训的同志，要求具备问策能对、遇事能干的本领，练就张口能说、提笔能写的功底，这是政研中心的育人要求和努力方向。

每个进入政研中心工作的新人，都会有这样的经历，先是抱着一本厚厚的材料汇编研究学习，可别小看这些汇编，它汇聚了前些年即墨政府各类会议的领导讲话、各种活动的致辞、各个阶段的情况汇报及理论研学成果，涵盖了即墨发展的战略定位、工作思路，政府工作的主攻方向、工作重点、重点工程、重点项目的进展情况，等等。只有把这本汇编看得八九不离十了，才说明情况了解得差不多了，工作掌握得也差不多了。

写材料，首先要了解情况、熟悉工作。对信息、素材、内容的广泛搜罗，这个是什么情况,那个是怎么回事,都要深入细致地了解。就拿最简单的工作总结来说,需要看懂各部门提供的基本情况,然后再从汇集的素材、信息中找到重点可用的内容。

接下来,开始参与撰写材料。一般刚上手,先是给一个材料的一小块练习,写完后再交由老同事修改,修改的过程老同事会仔细给新同事讲,怎么构思的、怎么理纲的,上级要求是什么、实际情况是什么,哪些是重点、重点写哪些……慢慢地可以能够独立撰写材料,拥有敏锐的眼光,可以看到素材、信息中最有价值的内容;拥有缜密的思维,可以做到拟出具有新意的提纲框架;具备丰富的知识储备,写出的文章,才会发光、出彩。

事实证明,综合材料撰写没有捷径可走,唯有多看、多学、多练,才会逐渐掌握、逐渐学会。

中国有句古话叫"授人以鱼,不如授人以渔",大体意思是:直接给人鱼,虽然能帮他们解一时之饥,却不能解长久之饥;如果想让他们经常有鱼吃,就要教会他们钓鱼的方法。这种理念不仅在教育界备受推崇,对于当下基层政府也有莫大的指导意义,对基层工作帮助也很大。

伟大领袖毛泽东同志曾经说过,"一切革命队伍的人都要互相关心,互相帮助,互相支持",而搞好"传帮带"便是这种关心帮助支持最直接、最生动的体现。

在世界发展方面,中非关系最大的"义",就是用中国发展助力非洲的发展,最终实现互利共赢、共同发展。不仅"授人以鱼",提供不附加任何政治条件的对非援助,更"授人以渔",加强人力资源开发合作和技术交流,帮助非方培养更多适用人才。

| 基层的初心 |

"授人以渔"，实际上说的是"传帮带"，就是指前辈对晚辈、老同志对新同志等在工作或学习中对文化知识、技术技能、经验经历等给予亲自传授。传帮带既是方式和方法，更是氛围和风气，是中国的一种传统技艺教授方式，其形式和效果也一直被基层所认同。

念好"传"字诀

对新入职的年轻干部而言，虽然他们拥有比较丰富的理论知识，却缺少高效的实践能力、缺乏有效的工作措施，往往工作摸不着"头脑"、找不到"门径"，导致干得很多却收效甚微。而老同志经验丰富，都是一个脚步一个脚印走出来的，是一滴汗水一滴鲜血淌出来的，老同志的优势恰恰可以弥补年轻同志的短板。

新同志要不走弯路或少走弯路，就得向老同志请教学习。老同志就要念好"传"字诀，倾囊相授，正如竹筒倒豆子般，向新同志传授丰富的业务工作经验和基层实际经验，让他们在干中学、学中干，逐步累积适合自身的工作方法，让自身工作水平得到提升。

一方面，老同志不藏私心。现在，多数单位部门继续发扬"传帮带"的优良传统，安排责任强、业务熟的同志和新入职的同志结对子，开展"一对一""一对多"帮学的方式，通过下任务、压担子、提要求，安排他们实践锻炼，帮助新同志尽快成长。老同志带新同志的方式，不仅调动了老少两代人的工作积极性，也让年轻同志快速地成长了起来，让累积下来的好做法、好经验得以传承，使新入职的同志在工作作风上"扑下身，讲奉献，甩得开臂膀"，在工作方法上"善思考，走捷径，接得上烟火"。

另一方面，新同志保持虚心。特别是刚入职的年轻同志，一踏入基层需要学习的东西很多、需要锻炼的方面也很多，要尽快适应新岗位、新角色。年轻同志就要多学多看多做，特别是要向老同志多请教、多学习。在请教学习时，年轻同志要谦虚，遇到不懂的要及时请问，不清楚的地方要多思考，多向领导请教，多和老同事交流；要多实践，遇到新任务、新工作、新问题，善于学习、敢于担当，用心干、大胆做；要学习老同志身上优良的工作作风、积累的工作经验，既要学习理论知识，又要收获实战经验，方能在工作岗位上"如鱼得水"。

念好"帮"字诀

在实际工作中，新同志朝气蓬勃，对工作充满热情和干劲，但由于定力不足，往往容易"用力过猛"，造成"过犹不及"的现象。这就需要老同志多引导、多指导、多教导新同志，让他们少走弯路、少做错事。

老同志要多引导新同志。正所谓"知止而后有定，定而后能静，静而后能安，安而后能虑，虑而后能得"。老同志要倾囊相授，事无巨细地给年轻同志讲解，特别是刚入职的年轻同事，让他们尽快地熟悉工作，更快地迈过"门槛"，融入新环境、新队伍、新工作中去，让他们对工作的流程、岗位的职责有更深入全面的了解，让年轻同事更快地融入其中，感受到身边同志传递的暖意，更快地融入具体的岗位中去。

老同志要多指导新同志。在具体工作中，老同志要给予全过程的指导、全过程的把关，无私传教"年轻徒弟"，让他们积累经验的速度提升，善于把这些经验运用到具体的岗位中去，增强他们的责任感、使命感，更加快速地把学习能力转化为创新能力。在关键环节上，老同志要给予重点提醒、重点关注，避免年轻同志出现重大问题，功亏一篑。在人员搭配上，基层单位要针对年轻同志的现状、发展方向，有针对性地配备"师父"，实现"师父"对"徒弟"的"量身定制"式指导，让他们教学相长、共同进步。

老同志要多教导新同志。在年轻同志出现不好的苗头时，老同志要及时提醒、指点，并帮助他们分析利弊，厘清头绪，让他们知道问题出在哪里，知其然，并知其所以然，进一步增强定力养成"静气"、祛除杂念戒掉"躁气"，确保他们于锋芒中增长智慧、从实干中多些巧干、在雕琢中行稳致远。

无数实践证明，"传帮带"是一种既简便又有效的培养人才的方法。作为一名优秀的基层干部，很多知识能力是在学校中无法培养、没法学习的，必须在基层中学习，必须在实践中学习。

念好"带"字诀

医生、教师，要想提高，就得观摩一场场手术、倾听一节节公开课。作为基层干部，要想有所提高，就要有外力的刺激。老同志在处理急难险重问题时，不妨带一带年轻同志，让他们也身处其中、学到一二。

"带"技能。在共事处事中"带"，率其以行。突出老同志以身作则"做给同事看，带着群众干"，教育引导年轻同志要不断加强道德修养，提升能力水平，正确对待成绩，敢于吃苦、乐于奉献、忠于职守、爱岗敬业、服务人民。同时，老同志具有丰富的工作经验，"手把手"帮带，可以帮助新人厘清风险、掌握工作技巧、提升业务技能。

"带"作风。通过老同志言传身教，做好年轻同志的"指向标"，教育年轻同志树立正确的世界观、人生观、价值观。在基层单位里，要常态化开展谈心谈话，及时了解年轻同志思想动态和学习、工作、生活情况，有针对性地进行教育引导，激发他们的工作热情，并结合机关作风建设、党员干部作风建设，引导其坚决抵制"四风"，牢记自己人民公仆的使命。基层干部要严守工作纪律、保密纪律和廉政纪律，坚持"高标准、严要求、立标杆、作表率"，以淬火打磨"有用"之材严明纪律，树立廉明、勤政、务实的干部形象。

"带"思想。主要是对年轻同志进行政治素质、职业道德培养。通过老同志榜样的力量带动、指导年轻同志的政治意识、大局意识和责任意识进一步增强，服务更加规范化、标准化，让他们能够以良好的形象和优良的工作作风赢得更多群众的满意和认可。

一枝独秀不算春，百花齐放春满园。对一个单位来说，个人优秀不算优秀，团队优秀才是真的优秀。基层政府要发挥好"传帮带"作用，以强带弱、以强扶弱、以强帮弱，在互帮互助中既能提升团队整体的工作能力，又能培养队员协同作战的能力，可谓一举两得。

取长补短

【案例】

青岛市即墨区政府办公室作为即墨区政府的综合办事机构,处在承上启下、沟通内外、协调左右的重要位置。这一特殊地位,就要全力做好政务服务工作,争取走在前、作表率,就要做好两个"三服务":一个"三服务"是服务领导、服务部门、服务群众;另一个"三服务"是服务发展、服务决策、服务落实,努力打造政治过硬、服务过硬、业务过硬、作风过硬的政府机关,不断提高政务服务水平。

围绕打造"政治过硬"机关。办公室要求:从大处讲,要坚决维护习近平总书记党中央的核心、全党的核心地位,坚决维护党中央权威和集中统一领导,任何时候任何情况下都做到保持政治方向不偏、政治立场不移;从小处讲,要坚决贯彻落实区委、区政府各项决策部署,努力做到方向一致、目标一致、工作一致。比如,围绕提升政治理论水平,充分利用"学习强国""灯塔在线"等平台,深入学习习近平新时代中国特色社会主义思想、党的二十大精神等有关内容,坚持带着问题学、结合实际学、交流研讨学，真正学深悟透、学用结合、学以致用。

围绕打造"业务过硬"机关。对照岗位需要、时代要求，不断提升自身的综合素质、业务能力、眼界视野、个人修养，真正做到人岗相配、人尽其才。比如，围绕提高各科室公文写作水平，组织相关科室人员轮流到政研中心学习，参与文字材料工作，从规范公文的格式这样的细节抓起，再到公文不同文种的写法，逐一进行培训，使之能够掌握公文写作的基本技能，尽可能地让办公室全体人员做到出口成章、提笔能写。再比如，围绕值班值守工作，组织值班人员定期学习上级的值班工作规范，熟悉掌握应急处置程序、信息上报流转等有关方面的内容，严格落实岗位职责，严格遵守值班纪律，发挥好运转枢纽作用，切实提高工作效率和服务水平。特别是要认真贯彻执行国家、省、市有关突发事件信息报送的工作要求，提高信息报告工作的时效性、准确性和全面性。

围绕打造"服务过硬"机关。办公室要求全体人员当好"参谋员""督办员""协调员""服务员"，做到初心不改，以优质的立体化的服务，努力做到"三满意"，切实提高服务质量、服务水平和服务效果；要求从大处着眼，小处着手，思想上防微杜渐，行动上严谨细致，不断增强凝聚力、向心力、战斗力，把办公室打造成思想上"合一"、工作上"合力"、行动上"合拍"的优秀团队。

战国·孟轲《孟子·滕文公上》中讲道："今滕绝长补短，将五十里也，犹可以为善国。"并由此演变成成语——"取长补短"。

孔子《论语·述而》中讲道："三人行，必有我师焉：择其善者而从之，其不善者而改之。"

宋·卢梅坡《雪梅·其一》中写道:"梅雪争春未肯降,骚人阁笔费评章。梅须逊雪三分白,雪却输梅一段香。"

……

伟大领袖毛泽东同志谦逊好学,经常手不释卷、博览群书、孜孜不倦,并且能够放下架子、放下面子,积极主动地向别人求教,在兼收并蓄中丰富自己,在取长补短中提升自己。他曾常向诗人臧克家和身边工作人员梅白请教,尊称他们为"一字之师"和"半字之师"。

罗马不是一日建成的,更不是一个人建成的。一个人的智慧和精力终归是有限的,基层的工作是在社会环境和集体智慧下完成的,封闭是不可能成就事业的。向别人学习、取他人之长补己之短,是基层干部取得长胜的"不二"法宝。当我们的能力不能更好推进工作、需要别人帮助时,要有拜人为师的胸怀和不耻下问的勇气;在基层拜人为师,可以是领导、是长辈、是同事、是群众,身上要多些"泥土味"、少些"烟酒味",真正把学到的东西融在血液里、刻在脑子里。

知己之短

"知足而利导"是一种幸运,"知不足而后用"更显勇气和智慧。作为基层干部,要努力迅速查找自身短板和不足,抓紧补短板、堵漏洞、强弱项,哪里知识面薄弱补哪里,哪些能力欠缺就补哪些,哪些经验不足就填补哪些,只有这样才能切实增强为人民服务的本领,体现的就是"峰回路转"的欣然、迎难而上的勇气、救过补阙的睿智。

知理论之不足。知识是不断丰富发展的,时代是在发展进步的。古语云:"知不足然后能自省也。"基层干部要知理论之不足,紧跟时代步伐,学习新知识,提高政治理论修养;要有虚心好学之态,向书本学的丰富理论知识,向领导同事学增强业务的本领,向先进模范学提高理论与实践结合的能力,不断提高自身干事创业的本领、解决问题的方法,从而在工作上能吃苦、吃得了苦。

知能力之不足。有句话说,理论上的巨人,实践上的矮子。现在,很多基层干部都是高学历,但高学历不等于高素质、也不等于高能力。基层干部要学会"学用转化、学用结合、学以致用",狠抓实践锻炼,掌握新本领、新技能,不断提高自身综合素质。知理论与实践的结合不足,理论学习是为了更好地指导实践,而实践的过程又是重新认识理论、丰富理论、发展理论的过程,实践与理论的结合是基层干部成长的必修课。

知经验之不足。特别是基层的年轻同志基本上都接受过正规高等教育,都有良好的理论基础,但阅历浅、磨炼少,工作经验和实践能力还有待提高;他们有朝气,有想法,对未来充满理想,对人生充满憧憬,这是年轻同志的优点,但是年轻同志心理也很容易浮躁,常用急功近利的心态去工作、做事情,导致与期望值相差很大、与预期值反差很大。他们对工作中遇到的问题和困难,能发挥自己的聪明才智努力去克服和解决,能创造性地开展工作,但是有时也会过于理想化,脱离实际。归根结底,是因为缺乏基层工作的经历经验,对乡情村貌、风俗人文、群众心理等了解不深,同群众面对面交谈要么不知说些什么、要么聊不到点上,坐在群众身边却走不进群众内心,导致有些工作得不到群众支持和理解。"善治病者,必医其受病之处。"关键要打破"家门""校门"和"机关门"的束缚。

俗话说:"多年媳妇熬成婆。"基层干部得常到"村头"去学学、常到"田头"去看看,边学边看、边聊边干,臂膀子硬了、干劲更足了。

久而久之，定能锤炼坚强本领和积蓄丰富经验，由基层"菜鸟"变为基层"老手"，把基层工作干出色、干出彩。

补己之短

中共中央印发的《关于加强党的政治建设的意见》指出，要坚持问题导向，注重"靶向治疗"，针对政治意识不强、政治立场不稳、政治能力不足、政治行为不端等突出问题强弱项补短板。基层干部要更好地履职尽责，就得不断查漏补缺，不断强化弱项、补充短板，使自己能够更好地完成任务、实现使命。

坚持问题导向，"靶向治疗"强化意识。作为基层干部不管是政治意识、大局意识、核心意识还是看齐意识，都要牢牢树立在心上，哪方面有缺陷就在哪方面着重加强，做到"四个意识"齐头并进、缺一不可，把意识思维牢固贯穿于工作生活的方方面面。

坚持问题导向，"靶向治疗"站稳立场。立场不坚定，人就容易摇摆不定。对基层干部来说，有了摇摆就容易发生动摇，信念就会开始崩塌，最终背离基层、背离群众，干出错事、做出坏事。作为一名基层干部万不可在立场上偏了初衷、违了方向，一旦有走歪的苗头、倾向就得及时整改，必须旗帜鲜明地坚定立场。

坚持问题导向，"靶向治疗"补足能力。能力不足是决胜新时代、决战新农村的大忌。基层干部要尽快成长起来，知识不足就学习，经验不足就请教，阅历不足就下基层，根据个人自身的情况调整自己、完善自己，缺什么补什么，使自己尽快成长为能担大任、干大事的基层干部。

扬己之长

基层干部是贯彻执行党和国家路线方针政策的主要落实者，不仅要有过硬的专业水平，还要有比较全面的综合能力。面对复杂问题和重大事项时，基层干部要勇于担当、临危不乱，善于应对新情况、新问题，努力提高自身综合素质和处理突发复杂问题的能力，完成好党和国家所赋予的"推动一方经济发展，带动一方百姓致富"的神圣使命。

扬知识之长，补经历之短。立身百行，以学为基。一个人能有多大发展，能为社会做出多大贡献，很大程度上取决于这个人学习抓得紧不紧、基础打得牢不牢。基层干部要勤于学习、敏于求知，善于运用所学的知识来分析问题、解决问题，同时，要勇于自我加压、担当重任，主动到工作量最重的岗位上去锻炼，到工作最需要的岗位上去锻炼，到别人不愿干的岗位上去锻炼，在实践中不断摔打自己、磨炼自己，不断丰富工作阅历，提高实际操作和动手能力。

扬锐气之长，补"静气"之短。基层干部工作热情高，思想也比较活跃，工作中活力四射不缺乏生气。但是，在工作中，基层干部要努力克服急功近利、率性而为的浮躁心理，培养冷静思考、扎实行动的工作作风；要善于学习他人长处，处理具体问题争议时，讲原则、讲方法，要冷静，不要躁动。同时，基层单位要善于用年轻同志的朝气带动感染身边干部的"钝气"，相互取长补短，共同进步。

扬阳光之长，补上进心不足之短。基层干部成长道路很长，每个人都要对自我人生进行合理规划，至少要做到每三年制定一个奋斗目标，

| 基层的初心 |

一步一个脚印，脚踏实地埋头工作，去努力去拼搏实现每一个人生目标。倘若仅要享受，不求上进；只讲攀比，不讲奉献；只顾个人，不顾集体；只会坐井观天，不善外界对比，你的人生成长必然是有缺陷的，成长道路只会越走越窄。所以，基层干部一定要正视自身存在的不足，奋发向上，逐步赶超。

"君子生非异也，善假于物也。"基层干部在谋求发展的同时要牢记学习型政党的要求，"知己知彼、知长知短"，才能达到"取长补短"的目的。

意识篇

意识决定行动，意识决定行为。只有树立正确的意识观，才能正确认识问题、精确分析问题，才能更好地有效解决问题、高效推动工作。

无论生逢何时、身处何地，基层干部都要牢记自己的身份、牢记自己的初心、牢记自己的使命，进一步增强政治意识、大局意识、核心意识、看齐意识，这是最根本的要求，也是最重要的体现。结合基层实际、根据岗位特点，基层干部也要同步提升法治意识、规矩意识、风险意识、宗旨意识、廉洁意识、创新意识，把握大势、胸怀大局、着眼大事，做到因势而谋、应势而动、顺势而为，不断提升自身的业务本领和驾驭能力，成为群众的希望、基层的栋梁。

大局意识

【案例】

对于政府系统,年后第一个会议,一般聚焦机关作风建设提升方面。2018年2月24日,青岛市即墨区政府办公室按照区委工作部署和工作惯例组织召开了新起点新征程新气象新作为作风建设会议,传达学习了中共即墨区委有关会议精神和文件要求,强调部署了当前和今后一个时期的工作重点,让办公室全体人员尽快从新年的气氛中收回心来、投入工作中去。

在听取各科室负责人的发言和副主任们的点评后,时任办公室主任的王新双对办公室及全体人员提出了三点建议。一是站位要再高一些。要站在全局角度、站在更高的层面来审视和考虑工作,这样工作的前瞻性和主动性就会更强。二是思考要再深一些。重点工作,还要研究再细一些、再深一些,针对性和落地性还需要再细化。三是创新性要再强一些。各科室要在工作创新性上再提炼、再升华、再研究。

会上,王新双主任激励大家,"必须不驰于空想,不骛于虚声,一步一个脚印,踏踏实实干好工作"。并就如何干好工作谈了五方面的想法:要提高政治站位、提高思想境界,围绕中心、把握大局,切实做到"会干";要创新发展思路、创新工作理念,用心琢磨、知行合一,切实做到"巧干";要注重理论学习、注重实践锻炼,提升素质、增强本领,切实做到"能干";要善于攻坚克难、善于连续作战,扑下身子、脚踏实地,切实做到"实干";要严格纪律要求、严格自我约束,从小事做起、从细节抓起,切实做到坦坦荡荡地干、干干净净地干、心无旁骛地干。你站在什么样的角度就会有什么样的视野,站在办公室角度就会考虑办公室的事,站在科室的角度就只会考虑科室的事,让大家提高政治站位、提高思想境界。希望大家考虑工作一定要站在全局至少站在全区的高度,这样才能把准工作的脉搏,跟随区委、区政府的节奏向前推进。

最后他还勉励大家:新时代是奋斗者的时代,只有奋斗的人生才称得上幸福的人生,为了梦想,共同努力、共同奋斗。

清·陈澹然《寤言》·卷二《迁都建藩议》中写道:"不谋万世者,不足谋一时;不谋全局者,不足谋一域。"这体现的是整体与部分之间的关系。一个人若不能从全局的角度考虑问题,是无法治理好一方地区的,也无法处理好一件事情。

《荀子·王霸》中说道:"国者,天下之大器也,重任也。"

清·顾炎武《日知录·正始》中也有这样的记载:"保国者,其君其臣肉食者谋之;保天下者,匹夫之贱与有责焉耳矣。"

古语有云:"知行合一,行胜于言。"是否真正具有大局意识、大局观念,根本标准在于能否将它正确运用于实际工作中,将心目中的大局与实际中的大局融合归一。

中共十八届六中全会明确提出：全党要进一步强化"四个意识"，即政治意识、大局意识、核心意识和看齐意识。其中，大局意识强调的就是从整体、从全局的角度出发对工作进行综合谋划、对事态进行综合考量，认清大局、看透大局、服务大局、贡献大局。必须牢固树立高度自觉的大局意识，自觉从大局看问题，把工作放到大局中去思考、定位、摆布，做到正确认识大局、自觉服从大局、坚决维护大局。

大局凸显政治、大局折射品格、大局彰显担当。基层干部只有进一步增强大局意识，观大势、顾大局，不断提高政治判断力、政治领悟力、政治执行力，才能做到忙而不乱、忙而不迷，奋发进取、勇敢追梦。

正确认识大局

在党的历史上，"识大体，顾全局""舍小我，顾大局"的大局意识，让中国共产党心往一处想、力往一处聚、劲往一处使，在革命、建设和改革发展中形成强大的合力，不断从胜利走向新的胜利。

反观当下，少数基层干部在谋划布局、推动发展、服务群众上，不能站在全局、大局的高度，有时仅凭个人喜好或只听他人"指挥"……究其原因，还是统筹谋划不够，大局意识缺乏。正确认识大局，就必须修炼"身在兵位，胸为帅谋"之功和"人在基层，心为国家"之功。

修炼"身在兵位，胸为帅谋"之功。"兵位"的视野往往仅在一域，相对狭隘；"帅谋"的眼界则在全域，相对豁达。处"兵位"而"帅谋"，则全局了然于胸，在其位更有方向感、尽其责更有主动性，才能挑"大梁"、担"大任"。任何时候、任何事情，基层干部要胸怀"国之大者"，不因"位卑"而"无忧"、不因"无权"而"无谋"，既要顾全"大局面"，又要抓好"小领域";要跳出自己的"一亩三分地""一时一地"的局限思维,善于在大局下思考、向实处着力,不要目光短、格局小、心态急,才会具有"不畏浮云遮望眼"的眼力、"咬定青山不放松"的定力,真正做到"平常时候看得出来、关键时刻站得出来、危急关头豁得出来",朝着更高目标、更高层次迈进,使各项工作既为一域争光,又为全局添彩。

修炼"人在基层,心为国家"之功。《韩非子·显学》中写道:"宰相必起于州郡,猛将必发于卒伍。"既然选择了为基层服务,选择了为群众服务,就要做到既来之、则安之,沉下心、扎下根。全国优秀县委书记廖俊波说过,"今后只有更加努力地工作,才能对得起这份荣誉"。所以,基层干部无论处于何种岗位、何种境地,都要定准"坐标"、摆正"位置"、放平"心态",让"信任值"顶格、"忠诚度"满仓;要保持积极的人生态度,吃得住苦头、经得住考验、守得住清贫,在基层中锤炼品质、积累经验,练出真才实干、成就精彩人生;要甘于下沉一线、下沉基层,向下扎根、向上生长,把好基层关、站好基层岗、放好基层哨,排除千难万险、历经千辛万苦,朝着自己心中的"诗和远方"扬帆起航。

自觉服从大局

改革开放取得了举世瞩目的成就,实现了新中国从站起来向富起来、强起来的转变。启示世人:只有基础扎实、步子坚实、成效务实,才能牢牢把握发展、准确把握大局,有效解决前进中遇到的各种情况和问题。

面对复杂形势和艰巨任务,基层干部要有自觉服从大局要求的思想认识,组织群众、带领群众、依靠群众,当好基层发展的重要引领者、基层事务的主要管理者、基层稳定的第一维护者。

正确处理全局和局部的关系。伟大领袖毛泽东同志强调,"共产党员必须懂得以局部需要服务全局需要这一道理""没有全局在胸,是不会真的投下一着好棋子的"。也就是说,全局和局部不是对立的,而是相互的;全局统领局部,局部服从全局。基层干部相对于基层政府来说,是个体,也是局部。在履行岗位职能、开展具体工作时,基层干部应放眼全局、着眼大局,时刻保持对涉及领域、负责领域的敏感性,全面、准确、动态把握各项工作的来龙去脉、内涵外延,既要创造性、高质量完成常规性、事务性工作,又要前瞻性、高站位落实最新指示精神、全新工作任务;要围绕大局反映情况、报送信息,出谋划策、促进落实,以"纲举目张、执本末从"的智慧统揽全局,以"开弓没有回头箭"的决心锐意进取,以"明知山有虎,偏向虎山行"的气魄克难攻坚。

正确处理长远与当下的关系。党的十八大以来,各级政府既注重当前发展,又注重长远发展,多谋长远之策,多行国本之举,掌握工作主动权,打好发展主动仗。当前,统筹好把握好处理好"当下"与"长远"的关系,是基层赢得战略机遇、战胜各种风险挑战,在危机中育新机、于变局中开新局,把"好地方"建设得好上加好、越来越好的关键因素。基层干部要谋远谋深、谋准谋实,大处着眼、小处着手,有成效、利长远的事要大胆去做,不见效、打基础的事也要努力去干,做到战略前置、未雨绸缪,以"近"的坚持不懈和拼搏担当,不断追求"远"的持续发展。

正确处理集体与个人的关系。我们党自成立以来,就旗帜鲜明地反对个人主义,要求思想一致、行动一致、意见一致、步调一致,做到集体利益高于个人利益。伟大的马克思主义者刘少奇同志在《论共产党员的修养》中讲到,共产党员要"把个人利益溶化在党的利益之中,克己奉公"。服从组织要求、服从组织安排、服从组织决定是基层干部应具备的素质要求，也是基层干部应履行的义务责任。古人尚有"进亦忧，退亦忧"的情怀，作为一名基层干部，如果把个人利益摆在首位，怎能对得起身上肩负的重任？无论在何时、无论在何种岗位，都要持平常心、做本分事，不贪权、不恋权，履行职责义务、保持应有本色。

坚决维护大局

所谓"纸上得来终觉浅，绝知此事要躬行"，大局意识必须经实践所淘炼、为现实所印证。

切实做到"两个维护"。始终把绝对忠诚作为首要政治品质，任何时候任何情况都要坚如磐石、安如泰山，做到绝对忠诚、绝对纯洁、绝对可靠。基层干部要深入学习习近平新时代中国特色社会主义思想，深刻领会其蕴含的重大意义、科学体系、丰富内涵、精神实质，补足精神之钙、筑牢思想之魂，不断提高政治站位、政治觉悟，同以习近平同志为核心的党中央保持高度一致。始终要以党中央的旗帜立场、决策部署、担当精神为标杆，紧跟习近平总书记重要讲话要求，把"两个维护"落实到基层各项具体工作中，维护党中央一锤定音、定于一尊的权威，坚决杜绝"有令不行、有禁不止""上有政策、下有对策"行为的发生，确保基层各项工作沿着党中央和国家指引的正确方向前进。

切实维护"两种形象"。在贯彻党中央和上级部门的决策部署时，基层政府要坚决执行，不能打折扣，更不能各行其是，不按要求办事，塑造好"面子"，强化好"里子"，维护基层政府仁政为民的良好形象。基层干部要严格遵守政治纪律、组织纪律、廉洁自律等各项有关规定，领导安排什么工作不能讲价钱、要条件，打造基层干部施政为民的良好形象。在实际工作中，少数基层干部不是这不行、就是那不中，不是今天有这样的事，就是明天有那样的事，对待急难险阻的工作总是想方设法地找理由找借口推托不去做，甚至消极怠工。这种在工作上躲躲闪闪、拈轻怕重，待遇上争争讲讲、分毫不让，实质上都是和大局意识背道而驰的。

新时代的基层干部，既要学会反思历史、聚焦未来，又要做到立足群众、看齐中央，还要练就审时度势的战略眼光。大局意识之培育，虽则是雄关漫道，亦当从头越起。

廉洁意识

【案例】

反腐倡廉只有"进行时",没有"完成时"。无论是党中央,还是各级党委政府,历来高度重视廉政建设,态度是非常鲜明的,立场也是十分坚定的。

近年来,青岛市即墨区准确把握党风廉政建设和反腐败工作的新形势、新要求,深化标本兼治,强化精准监督,一体推进不敢腐、不能腐、不想腐,助推全区全域全面高质量发展。为筑牢广大党员干部拒腐防变的思想防线,在主城区的主干道蓝鳌路上,规划建设了一座以"明纪守法崇德尚廉"为主题的即墨区廉政教育馆,该馆展览面积600多平方米,共分为四个展区。

第一展区为"忠诚篇·不忘初心牢记使命"。主要介绍中国共产党自诞生以来,严明纪律、严格规矩、持续正风、重拳反腐等有关内容,为社会主义各项事业提供坚强保障的光辉历程。

第二展区为"敬畏篇·遵纪守法廉洁自律"。着重解答党章党规党纪、

| 基层的初心 |

宪法法律法规等重点内容，采用互动问答、情景体验等方式，不断增强参观者的代入感和体验感。

第三展区为"警醒篇·以案为鉴警钟长鸣"。借助现代化信息技术，通过以案释纪、以案明法，重点讲述全国各地查处的违纪违法典型案例，以教育葆本色、以警示促警醒。

第四展区为"正气篇·激浊扬清正道直行"。系统介绍传统文化中的廉政思想、清官廉吏故事、历史上即墨"五大家族"家规家训及先进楷模事迹等廉政文化知识。

星光不负赶路人，江河眷顾奋楫者。每年即墨各部门、各单位都会结合实际，错时组织机关干部到廉政教育馆参观学习、接受教育。通过聆听讲解、浏览资料、观看视频，广大党员干部对反腐倡廉有了深入系统的了解，知敬畏、存戒惧、守底线，能够自觉弘扬民族传统、提升政治品格、抵制不正之风，永葆忠诚、干净、担当的政治本色，努力营造风清气正、崇廉尚实、干事创业、遵纪守法的政治生态。

"廉洁"一词最早出现在战国时期，屈原《楚辞·招魂》有"朕幼清以廉洁兮，身服义尔未沫"之句，东汉·王逸《楚辞·章句》有"不受曰廉，不污曰洁"之释。

在漫长的历史长河中，历代文人雅士、诗人墨客以廉入诗、以诗倡廉，谱写了许多"爱廉"题材的经典诗句，诸如：

唐·柳宗元《永州韦使君新堂记》："激浊而扬清，废贪而立廉。"

宋·司马光《文中子补传》："廉者常乐无求，贪者常忧不足。"

清·李惺《西沤外集·冰言》："公生明，廉生威。"

……

在革命、建设、发展的不同历史时期，中国共产党高度重视党风廉政建设，1934年1月伟大领袖毛泽东同志指出："应该使一切政府工作人员明白，贪污和浪费是极大的犯罪。"邓小平、江泽民、胡锦涛等老一辈国家领导人，一如既往地秉持共产党人廉洁自律的从政准则。

"一个人廉洁自律不过关，做人就没有骨气。要牢记清廉是福、贪欲是祸的道理，树立正确的权力观、地位观、利益观，任何时候都要稳得住心神、管得住行为、守得住清白。"习近平总书记曾这样强调。

廉洁自律既是一个永恒的话题、一个终身的课题，也是党员干部的立身之本、处事之道。基层干部要从自身做起、从小事抓起，从灵魂深处不断地自我反省、自我警示和自我克制，慎微、慎独、慎权，顶得住诱惑、扛得住委屈，真正做到廉洁自律、永葆清正。

常修清廉之德

千百年来，古代先贤常用"律己以廉，抚民以仁，存心以公，莅事以勤"作为官箴，谆谆告诫所有的为政者、施政者。人若为官，既要清正廉洁，不言贫，做个"廉吏"；又要勤勉为民，不言苦，当个"勤官"。

党的十八届六中全会提出，选拔任用干部必须坚持"德才兼备、以德为先"，重申了"德"在选人用人标准中的优先地位和主导作用，用人标准更加明确、用人导向更加鲜明。伟大的马克思主义者邓小平同志曾经说过："挑选领导干部，不管老中青，都要看他肯不肯干，是不是能带头吃大苦、耐大劳，这是第一条。"简朴的话语道出了德为政本的深刻含义。所以，为官必先做人，做人必先立德。

首先，头脑要清醒。清醒是一种精神状态，也是一种思想认识。能不能秉公用权、能不能抵住诱惑，关键看这一关口能不能守住。正如古人所说，"苟非吾之所有，虽一毫而莫取"。作为基层干部要深入学习习近平总书记系列重要讲话精神，认真学习廉洁自律有关规定，特别是领导干部科学发展观、社会主义荣辱观、党纪党风和廉洁从政教育，自觉弘扬和践行社会主义核心价值观，坚守个人品德、恪守职业道德、遵守社会公德，把心思用在干事上，把精力放在落实上，真真正正地为群众做一些实事、办一些好事，做到内化于心、外化于行、知行合一。

其次，心界要清正。《吕氏春秋》有言："天无私覆也，地无私载也，日月无私烛也，四时无私行也。""如烟往事俱忘却，心底无私天地宽。"这是陶铸先生于1967年至1969年两年多的圈禁中写给妻子曾志的。没有私心，就能处事公道；没有私心，就能讲究公德。正所谓，公者千古，私者一时。不能做到正心，更谈不上修身、齐家、治国、平天下。基层干部要时刻把党和人民的利益放在首位，严格遵守党纪国法，坚持高尚的精神追求、秉公办事，在重大问题、重大政治事件面前，坚定正确的理想信念、政治立场；在履行岗位职责中的工作动机、工作态度、工作作风、工作成效，彰显过硬的政治能力、过硬的业务能力；在荣誉面前，能够正确对待、真诚谦让。

清廉，就是要秉公用权、秉公办事，想得透、看得淡，不为金钱所诱，不为名利所困，干干净净干事、踏踏实实为人。

常思贪欲之害

古人说："邪生于无禁，欲生于无度。"一个"贪"字，使一些曾经成绩辉煌的干部腐化堕落，令人心痛。常思贪欲之害，就是要求基层干部心莫贪、手莫伸，清正廉洁、防微杜渐，甘当革命的老黄牛、群众的勤务员。

"常思"贵在"长"。"吾日三省吾身：为人谋而不忠乎？与朋友交而不信乎？传不习乎？"出自先秦·孔子的《论语十则》。人生，就是一个不断反思、不断进步的过程。正因为经常反思，才能站得更高、看得更清、走得更远，人生才会更加精彩、更加出彩。基层干部要时刻不忘世界观、人生观的改造，时刻不忘清正廉洁、克己奉公的利弊，明事理、识大局，以党纪国法约束自己、以典型的腐败案例警示自己，构筑起牢固的"防线"，使之思想上一尘不染、行动上一身正气。

"常思"重在"动"。明·于谦《石灰吟》中描写道："粉骨碎身浑不怕，要留清白在人间。"人生有梦，不应止于心动，更应付诸行动，努力过、尝试过，才足矣、才无悔。特别是处于重要科室、重要岗位的基层干部，要时刻保持勤俭节约的作风，才能忘怀得与失、淡薄名与利；要时刻保持勤俭节约的作风，才能胸怀大志，处于困境而不沮丧，置于窘厄而泰然如常；要时刻保持勤俭节约的作风，才能摈弃奢欲，以事业为重，有所作为、有所成就。

"常思"要在"严"。良好品德的养成，离不开严格自律。基层干部在行使权力时不能夹杂贪欲，也不能用权力为个人谋取私利，自觉抵制各种诱惑，做到权为民所用、情为民所系、利为民所谋。在实际工作中，基层干部要敬畏历史、敬畏人民、敬畏法纪，以党的纪律、党性原则和道德规范严格要求自己，珍重自己的人格、珍爱自己的声誉、珍惜自己的形象，慎始、慎微、慎独、慎友，自重、自省、自警、自励。

| 基层的初心 |

常怀律己之心

严于律己,是一种美德、一种修养、一种境界。每一名基层干部都应常怀律己之心,真正做到一心为公、一身正气、一尘不染,为基层和群众做好服务、做出贡献。

常怀戒尺知自律。"戒尺"首先存在于自己的内心,只有这样,基层干部在行使权力时才会牢记"执政为民"的要求,不忘肩上沉甸甸的责任,不负党和人民的信任与重托,主动对标《中国共产党廉洁自律准则》《中国共产党纪律处分条例》,严格遵守廉洁自律各项规定,严格执行党风廉政建设责任制,自觉地用国家的法律法规、党纪党规来严格要求自己。党纪国法是外因、是他律,但代替不了自己内心有所戒惧,基层干部必须在内心树立起强大的防线。一旦开了贪欲的口子、丢了自律的防线,腐败风险就会近在咫尺。与其突破廉洁而不安,毋宁清清白白做人、干干净净做事。

常怀信仰行自律。"石可破也,而不可夺坚;丹可磨也,而不可夺赤。"对马克思主义的信仰,对社会主义和共产主义的信念,是共产党人的政治灵魂。基层干部应坚信:心有所信,方能心有所向;心有所向,方能抵达远方。正如"心中有信仰、脚下有力量",有方向、不迷路。

常怀群众信自律。千里之堤,溃于蚁穴。有的基层干部犯错误,甚至违法乱纪,往往都是起源于管不住"小节"。在基层工作的干部,要主动提高对廉洁自律的认识,自觉地用国家的法律法规、党纪党规来严格要求自己,始终坚持以俭修身、厉行节约,不被欲望裹挟着前行、影响着工作,自觉远离各种不良人群、自觉抵制各种不良风气,与腐败现象和不正之风做长期斗争、坚决斗争。

勿以恶小而为之,勿以善小而不为。在日常的生活中、在平凡的岗位上,基层干部要戒骄戒躁、脚踏实地,努力实现个人的社会价值和人生价值;在反躬自省、严于律己中坚固思想防线、守住政治底线,做不逾矩的"优秀基层干部"。

法治意识

【案例】

法治政府建设是全面依法治国的重点任务,也是推进国家治理体系和治理能力现代化的重要支撑。青岛市即墨区作为山东省第一批法治政府建设示范项目,聚焦"职能科学、权责法定、执法严明、公开公正、廉洁高效、守法诚信"目标,坚持问题导向、目标导向、成效导向,系统谋划、纵深推进法治政府建设,努力实现行政决策法治化、权力监督法治化、营商环境法治化。

俗话说:"法无授权不可为,法有授权必须为。"近年来,即墨区围绕加快推进政府职能转变,坚持把法治建设与经济社会发展同部署、同推进、同考核,研究制定了《即墨区法治政府建设实施纲要》,每年确定法治政府建设年度计划和工作要点,构建决策科学、路径清晰、落实有力的工作运行体系。

坚持依法行政,深入推进"放管服"改革,积极推行"一事全办"主题式服务、证明事项告知承诺制,落实省不予处罚和减轻处罚事项清单，企业群众办事更加便捷高效。完善重大行政决策程序规定，加大公共卫生、生态环境、食品药品、安全生产、劳动保障等关系人民群众切身利益的重点领域执法力度，有力震慑打击了市场违法行为，净化了市场环境。专门组建政府法律顾问团，政府决策、文件、纪要、合同等合法性审查覆盖率达到100%，努力做到用法治思维和法治方式解决问题、推进工作。牢牢抓住领导干部这个"关键少数"，组织开展"即墨古城大讲堂——法治化建设"等系列讲座，提升领导干部法治思维水平。

坚持法治惠民，切实增强群众获得感。深入开展"国家宪法日"、《民法典》等法治宣传活动，广泛宣传与群众生产生活息息相关的法律法规，全面提高群众法治意识观念。健全精准公共法律服务体系，镇街公共法律服务站实现全覆盖，在每个社区设立公共法律服务室，为群众提供面对面法律服务。

目前，法治即墨、法治政府、法治社会一体推进非常顺利。下步，即墨各级各部门将继续坚持高站位谋划、高质量推进、高效能管理，开拓创新、扎实工作，努力推动全面依法治区工作不断迈上新台阶。

历史和现实都告诉我们，法治兴则国兴，法治强则国强。凡属盛世都是法制相对健全的时期。

春秋战国时期，管仲提出了"以法而治"，偏在雍州的秦国践而行之，商鞅变法，徙木立信，强调"法必明、令必行"，迅速跻身强国之列，为秦始皇统一六国打好基础。

汉高祖刘邦同关中百姓"约法三章"，为其一统天下发挥了重要作用。

唐太宗以奉法为治国之重，一部《贞观律》为大唐盛世奠定了法律基石。

……

中国从站起来、富起来到强起来的历史进程，强盛往往同法治相伴而生。特别是党的十八大以来，以习近平同志为核心的党中央提出全面依法治国，并将其纳入"四个全面"战略布局予以有力推进。

治理一个国家、一个社会，关键是要立规矩、讲规矩、守规矩。法律是治国理政最大最重要的规矩，推进国家治理体系和治理能力现代化，必须厉行法治。

全面推进依法治国，基层工作是重点，基层干部作为具体执行者或参与者，尤为关键。除了要学习掌握运用好党的最新方针政策和政治理论，基层干部还要学会用法治思维谋划基层治理工作、用法治方式校准基层治理实践、用法治手段破解基层治理难题，不断强化"法治"思维、提高"法治"意识、营造"法治"氛围。

在"学而思"中懂法

法者，治之端也。学则治，不学则乱。基层干部作为推进基层法治的主力军，要带头尊崇法治、敬畏法律，带头好学、勤学、真学、善学，使学法经常化、制度化；要以学好"修身法"为立身之本、以学好"专业法"为执政之纲、以学好"民生法"为服务之钥，注重培养法治思维，熟悉运用法律武器，提高化解矛盾、应对风险的能力，适应依法治国、从严治党新常态的要求。

在基层工作，基层干部需要掌握的法律知识内容十分丰富，不仅要求学习掌握应具备的法律知识，诸如宪法、民法、刑法、行政法及诉讼法等，还必须熟练地掌握履行职责所必需的法律和法规，在处理问题、化解矛盾时，才能做到执法必严、违法必究、以法服人。比如，《中华人民共和国土地管理法实施条例》和《基本农田保护条例》，哪些土地属于耕地，哪些土地属于基本农田？什么人群、什么条件、什么程序可以申批宅基地？又如，《信访工作条例》，怎么才能按要求解决信访问题，在全社会营造办事依法、遇事找法、解决问题用法、化解矛盾靠法的良好环境。再如，《中华人民共和国环境保护法》《中华人民共和国水法》《中华人民共和国水污染防治法》《中华人民共和国大气污染防治法》《中华人民共和国环境噪声污染防治法》等，知道水、土壤、大气等如何预防等涉及农业农村方面的有关法律法规。

在学习过程中，基层干部要有钻研精神，认真研读法规条文、思索法理，带着问题学习，联系实际思考，不断领悟、不断渗透，克服"好学法，不求甚解"的心态，避免"学而不思则罔"的困境，做到学有所得、思有所悟。

在"思而行"中用法

面对工作中出现的难题，基层干部要正确行使职权，转变观念，树立"法治"意识，杜绝"一言堂""个人专断"的现象发生，确保每一个决策、每一项工作都做到依法决策、依法办理，营造风清气正的法治环境。

一方面，用法治理念指导实践。基层干部要将法律知识运用到日常管理服务的全过程和各方面，把分管业务当作用法的桥梁、把工作岗位当作用法的平台、把解决问题当作用法的核心，不断创新方式方法，推动法律应用于实践；要把法律意识融入各类具体工作中，做任何事情都要从法律的角度去分析、思考、解决问题，不仅考虑经济效果、社会效果，还需要考虑法律效果；要把学法、用法、守法与依法办事实践紧密结合，在经济和社会事务的管理工作中，不断运用法律手段来解决改革、发展、稳定中出现的新情况、新矛盾、新问题，不断提高法治化管理水平。

另一方面，用法治理念规范行为。基层干部要自觉在受监督的环境下掌权、用权，自觉依法行使手中的权力，努力做到有权必有责、用权受监督、违法要追究；要敢于同违法乱纪行为做斗争，发现违规违纪现象或一些苗头性问题，及时批评教育，督促纠正，防微杜渐，以"斗争精神"维护法治权威，推动"法治之力"终端见效、固化长效。

在"行而信"中遵法

天下之事，不难于立法，而难于法之必行。要明白一个道理，要想"百毒不侵"，就要正确运用法治思维和法治能力，时刻拧紧"总开关"，树立正确的权力观、政绩观、事业观。

做法律的"践行者"。基层干部要严格遵守中央八项规定等法规制度，做遵纪守法的表率。不管是8小时以外还是组织视线以外等社会监督死角，都要做到严格自律，自觉遵守规章制度。监督，既是关心，也是保护，基层干部要自觉接受群众、组织、媒体等各种监督；要发扬艰苦奋斗的优良作风，树立致力于伟大复兴中国梦的雄心壮志，勤俭节约，不攀比、不铺张、不浪费。

做法律的"宣传者"。依托法律进社区、进校园、进家庭等活动，基层干部要创造条件让群众知法学法，制作和发放一些通俗易懂的法律手册给群众，讲地方话，道法理情；要聚焦群众关心的问题开展法律宣传，着力提高法律宣传的实效性，扎实开展法律教育，上好普法课，用法律来指导生活行为准则，更好地在基层形成"人人学法、人人懂法"，从而能够"人人用法"的良好社会氛围。

在习近平总书记关于治国理政的深邃思考和不懈奋斗中，"法治"始终是令人瞩目的关键词。在新的历史时期下，更应该加强基层法治建设，牢固树立和运用法治思维，努力适应新常态发展，符合时代发展和人民群众要求。

规矩意识

【案例】

"为政以德,理政惟公",这是青岛市即墨区政府办公室创建的机关品牌,也是全体机关干部遵循的工作理念。围绕创建"为政以德,理政惟公"的机关品牌,在继承办公室优良传统的基础上,又进一步健全了机关工作制度、领导分工职责、工作规范、会务筹备等一系列规章制度,使办公室及全体人员时时按规矩办事、处处以规矩服人,切实提升办公室的政务服务水平。

定位规矩。办公室作为政府系统的核心机构和中枢机构,肩负着承上启下、联系内外、沟通左右、综合协调的重要职责,岗位特殊、地位重要。由于在政府机关工作、在领导身边工作,社会各界往往都会高看一眼,厚爱一分,作为办公室机关干部,要找准定位,规规矩矩地扮演好自己的角色,竭尽所能完成自己的本职及领导交办的各项工作,同时,要特别注意克服自身的"优越感",坚决做到不越位、不错位、不缺位。

办事规矩。讲规矩、讲程序是政府办公室工作的一项基本纪律。无论开大会还是开小会，办公室相关领导都会强调：作为办公室机关干部做事一定要懂得规矩，不该说的话坚决不说，不该做的事坚决不做，事事严格要求，做到标准不走样、程序不删减、法纪不违规，只有这样才能当好政府的"好助手"、群众心中的"公平秤"。

做人规矩。规矩做人是一个人最基本的道德素质表现，更是办公室机关干部立身之本、为人之道、处事之基。这就要求办公室机关干部，在与基层部门和人民群众打交道时，一定要保持谦虚谨慎、平等待人的规矩心态，始终把服务意识放在心间，不摆架子，不自以为是，不讲亲疏，不论贵贱，平等相待，坦诚相见，为部门、企业、群众提供最贴心、最优质的服务。

俗话说："国有国法，家有家规；没有规矩，不成方圆。"规矩是老祖宗传下来的智慧菁华，教导子孙后代做人做事要守规则、讲礼法、正品行。

韩非子《饰邪》中的"悬衡而知平，设规而知圆，万全之道也"。吕不韦《吕氏春秋》中的"欲知平直，则必准绳；欲知方则圆，则必规矩"。张居正《奏疏集》中的"天下之事，不难于立法，而难于法之必行；不难于听言，而难于言之必效"。苏洵《颜书四十韵》中的"古器合尺度，法物应矩规"。这些都是跟规矩有关的。

守规矩，是一个人的文化修养和性格特征，也是一个社会、一个政党、一个单位正常运行的必要条件和重要法宝。

我们的党从上海嘉兴南湖初试啼声，到江西井冈山点燃星星之火，再到陕西延安、河北西柏坡筚路蓝缕，直到奠基立业"中华人民共和国成立"，每一段行程的跨越，靠的都是规矩，靠的都是全党的统一意志、统一行动。

1949年3月,中共七届二中全会根据毛泽东同志的建议制定了"六条规定":一、不作祝寿;二、不送礼;三、少敬酒;四、少拍掌;五、不以人名做地名;六、不要把中国同志和马恩列斯平列。简简单单的"六条规定",看似朴实无华,却内涵丰富、实在管用,照鉴了共产党人博大的为民情怀,彰显了共产党人强大的人格魅力。

没有规矩不成其为政党,更不成其为马克思主义政党。治理一个国家、一个社会,关键是要立规矩、讲规矩、守规矩。"讲规矩"不仅是一种政治要求,也是一种个人修养;不是一时一事,而是时时事事。基层干部作为"一线"的先锋,必须以更强的党性意识、政治觉悟要求自己,从自己做起,从身边的事情做起,将守规矩内化于心、外化于行。

谋事不逾"规"

"不谋实事者",花拳绣腿、华而不实,历来为民所厌恶、为民所不屑。基层干部只有懂规矩,知道规矩在哪里,知道什么可谋、什么不可谋,怎么谋逾规、怎么谋不逾规,使点子、政策、方案切实可行,不好高骛远、不脱离实际、不受虚言、不听浮术、不逾规、不触线,才能为基层谋实事、为百姓做实事。

守正谋远。现在,基层建设越来越规范,许多工作有的有明文规定,有的是不成文的规矩;有的是刚性的规矩,也有的是自我约束的规矩。无论哪一种,基层干部都要严格遵循、严格执行。比如,在招商引资过程中,基层干部要深入了解,在签订合同协议时一定要明确双方的权责,增加约束性条款,避免后续引发不必要的麻烦。再如,在办理低保人员审报时，基层干部要坚持自下而上的工作流程，按程序做好入户调查、民主评议、张榜公示等各个环节，该调查的调查、该公示的公示，确保应保尽保、应"退"尽"退"。

守法谋远。基层干部要坚持依法行政，学习、掌握、运用好法律法规，确保依法合规地推进各项工作，以规范法治的行政行为营造更优的发展环境；要始终站在群众的角度思考问题、推动工作，对存在的问题不回避、不遮掩，有什么问题就处理好什么问题。比如，针对农村普遍存在的违法建筑，对已界定清楚的违法建筑，要尽快依法处置到位，按原有用地性质尽快恢复原貌；对需要进一步核查的建筑，要严格对照政策标准，逐项进行核查，确保核查处置结果经得起检验。

无论从事什么工作，基层干部都要倍加珍惜自己的岗位、热爱自己的工作，找准工作方向，明确工作职责、确立工作目标、制定工作措施，在实际工作中狠抓工作落实。并能够针对自己工作的特点，采取各种办法，主动出击，尽职尽责，出色地完成各自的本职工作。

做人不越"规"

守规矩是基层干部为人的基本准则，更是一种修养、一种情操。只有在规矩的"框架内"、标准的"尺度中"办事，才能办好事、办成事、不出事。

按制度办事。制度就是规矩，就是"标准"，就是"红线"。对按"章"行事、按"章"办事的人来说，制度是一种自我保护，防止过失，减少过错；对不守制度、不守规矩的人来说，就是一种自我制约。基层干部要按制度办事，能够确保在纪律规矩的范围内"做事"，明白哪些该做、哪些不该做、哪些该说、哪些不该说，做到知大知小、知进知退、知是知非，使之成为行动的"镜子"、做事的"指南"。要在制度的制约下、规定的范围内、纪律的要求中履职用权，常修为政之德、常思贪欲之害、常怀律己之心，真正做到情为民所系、权为民所用、利为民所谋，始终做到不忘初心，牢记使命，永葆基层干部的政治本色。

按程序办事。程序是进行某项活动、某种操作所执行的规程，体现先后次序、彰显公平正义。程序的作用在于制约权力的"任性"，防止个别干部恃"权"放旷，以"权"简化程序，甚至改变程序，办出令群众憎恶、不合规、坏章程、存隐患的事情来。对于程序的重要性，大多数人都比较清楚，但仍有少数人不愿按程序办事。程序不变、办事有章，则群众无怨、顺风顺水。事实证明，基层干部按程序办事，坚持遵规守矩、照章理事，不会出现以权"违"程、以势"越"程，视程序为"摆设"，切实维护程序的严肃性、权威性。

按原则办事。我们党是一个拥有9 800多万名党员的马克思主义政党，要实现思想统一、意志统一、行动统一，必须在坚持原则上下功夫、做文章。常说"小事讲风格，大事讲原则"。所谓"大事"一般都是原则性、纪律性较强的"公事"。当遇见原则性的问题时，基层干部必须保持头脑冷静、保持定力、守住底线，不讲关系、不给情面，坚持公正处事，才能确保干成事、不出事。

守规矩，已成为基层干部的内心信念和自觉行为，切不能只让规矩写在纸上、挂在墙上、说在嘴上，成为"稻草人"和"摆设"。

干事不犯"规"

人不以规矩则废，家不以规矩则殆，国不以规矩则乱。讲规矩是具体的、明确的，不能停在口头，要落实到行动上。

不逾越底线。基层干部要把"严守规矩、不逾底线"融入思想里、落实到行动中，不断增强自制力、自控力、自忍力。对待工作，要牢树底线思维，明确什么可为、什么不可为，做到心中悬明镜、手中握戒尺，筑牢"防火墙"；要切实履职尽责，直面工作困难和问题，主动接受挑战、克服困难，把工作做实做好，真正做到想民之所想，急民之所急，切实为人民百姓办好事、办实事。对待生活，经常"照镜子、正衣冠、洗洗澡、治治病"，明白哪些事该做，哪些事不该做，做到不越"雷池"、不乱"章法"，切不可掉入看似"美好"的诱惑陷阱当中，敢于对那些触碰到底线的人和事说"不"，及时警示自己慎思之、明辨之，问心无愧地守好自己的心灵"港湾"。

不触碰红线。作为基层干部要牢树"红线意识"，坚持工作原则，不论什么事，涉及违反党纪国法的，不能办；不论什么人，涉及违反党纪国法的，不能让；不论什么情，涉及违反党纪国法的，不能领。在工作中，基层干部要有正确的政绩观，把群众利益和群众需要放在第一位，守好耕地保护、安全生产、疫情防控、防汛救灾等方面的"红线"，以最严要求、最实措施抓实抓好各项工作，坚决维护人民群众生命财产安全，确保基层平安稳定。在生活中，基层干部要自警自省自励，慎独慎初慎微，自觉净化朋友圈，不该去的地方不能去，不该拿的东西不能拿，做到自戴"紧箍咒"、自设"高压线"。

懂规矩,才有定力;守规矩,才不乱方寸。基层干部只有坚守政治上的定力坐标,坚决反对决策不讲政策、工作不讲程序、办事不讲原则的行为,才能坚挺思想行动的"主心骨"、形塑党性品格的风范,才能营造合法、规范、有序的干事创业环境。

心理篇

　　心理健康是指一个人在适应环境的过程中，生理和心理能够达到协调一致，具有良好的情绪体验、健全的人格品质、正常的心理反应、清晰的自我认知、和谐的人际关系。

　　当前，基层面临的挑战不断增多、承担的责任不断加重，少数基层干部工作压力大、心理负担重、情绪波动大，不同程度地出现了心理疲劳、精神焦虑、心态浮躁等各种症状，亟须及时发现、对症下药、靶向干预。造成基层干部心理异常、心态失衡的原因来自工作、社会、家庭等多方面，基层干部心理健康问题已不容忽视。

　　得失本是常态，道路总是曲折的，维持健康的心理和健全的人格，既需要基层干部自我调适，也需要基层组织用心呵护。二者合力，缺一不可。

平和对待进退

唐·王昌龄《宿灞上寄侍御玙弟》中写道,"佐邑由东南,岂不知进退";杜甫《述古三首》和白居易《奉和裴令公新成午桥庄绿野堂即事》中分别提及,"贤人识定分,进退固其宜""千年落公便,进退处中央"。

北宋·王安石《杭州修广师法喜堂》和清·归庄《己丑元日》中也写道,"始知进退各有理,造次未可分贤愚""天下兴亡凭揲策,一身进退类悬旌"。

人生有涯,事业无限。每年基层乡镇都会根据工作需要、岗位需求,从整体出发、大局着眼,结合基层干部的年龄与学历、专业与经历等方面做出部分的人事调整和人员安排,目的就是进一步增强基层政府的整体优势和工作效能。不管职位如何变化、如何调整,每名基层干部都要理性看待、正确对待个人的"进""退",做到"进"者奋发有为、心态不骄、意志不减,"退"者坦然面对、初心不改、热情不减。

平和对待"进"位

每个人都有自己的追求,每个人都有自己的梦想。个人进步,能够体现自我价值；个人发展，能够提升自我价值。不管是进步也好，还是发展也罢，基层干部都要平和对待、平淡看待，切不能跟"名利"纠缠在一起、混淆在一起，否则就辜负了组织部门的培养和广大群众的期盼。

在实际工作中，有的基层干部想得到提拔重用，自己又怕组织不知道、不了解，领导看不见、看不上；有的基层干部认为自己无论是业务还是能力都挺高的，比其他同事都要强一些，但就怕领导没有考虑到自己，失去晋升的机会……这些个人内在的"矛盾"和"纠结"，使一些基层干部的心态浮躁、心理失衡，甚至陷入自我烦恼、自我痛苦之中。

其实，一名基层干部工作的好与坏，组织、领导和群众都看得清清楚楚、明明白白。

正所谓"志不立，天下无可成之事"。不管在什么岗位，只有保持奋进之心、实干之志，才会最终实现自己的理想、实现自己的抱负。对个人来说，晋升是非常态，不晋升是常态。在体制内，一定要保持积极向上的心态，被组织提拔重用了要好好干，不提拔重用也要尽心干好本职工作。所以，基层干部要正确对待自己岗位的调整、职务的晋升，多向身边优秀的先进模范和先进典型学习，保持积极健康的心态，自觉接受组织的安排，经得起名誉的考验、地位的考验，把心思和精力用在基层建设和服务群众上，永葆"心中装着人民，唯独没有自己"的公仆情怀，以一种淡定、平和的心态看待个人的进步与发展。

平和看待"退"位

新老交替，薪火相传。部分基层干部因为年龄、身体、家庭、工作等诸方面的原因，需要退下管理岗位、退出基层"舞台"，这是基层人才流动的自然规律，也是基层管理发展的客观需要。

"退"是一种境界。对于这些，基层干部要坚持"人退心不能退、人退意志不能衰"，既要感恩组织对自己的培养、对自己的器重，又要感谢组织对自己的关爱、对自己的关心，可以退下岗位、退出繁忙，开启幸福多彩的晚年生活，"让位"给更年轻的同志参与基层建设与发展；切不可以从岗位上退下来，政治觉悟、精神追求也跟着"降"下来，对基层的事情不问、不理。俗话说，"处江湖之远则忧其君"，基层干部要始终保持崇高的精神境界和完好的对外形象。

"退"是一种规律。人事调整有"进"自会有"退"，但是"退位"不"退为"。一日当"官"，终身为民，为群众服务永不停歇、永不止步。为民服务没有"在岗"与"下岗"之分，也没有"进位"与"退位"之说，不论是让贤而退，还是到龄而退，基层干部都要坚守"人民至上"的伟大情怀，排民忧、解民难，争当为民服务的"孺子牛"；都应保有"扶上马，再送一程"的理念，帮助接班人快速进入角色、上手熟悉业务，以行动诠释"莫道桑榆晚，为霞尚满天"。

平和对待"留"岗

有"进"、有"退"，但有时要"留"、也要"转"。当同事们进的进，退的退，只有自己还在原地踏步，千万不要气馁、不要埋怨，更不要放弃。

这种"留"，是承上启下。留任面前，少数基层干部自恃功高、抱怨不断；也会有少数基层干部即将退休，提拔无望、提前泄气，其实这些想法都是不可取的，这些做法更是不可为的。干部能不能提拔、能不能重用，是有多方面原因的，既有主观因素的，也有客观因素的。作为留任者,必须解开心结情绪,重拾干事热情,决不能因留任而自暴自弃,甚至一蹶不振,而应以一抓到底的狠劲、一以贯之的韧劲、一鼓作气的拼劲实干苦干,再立新功。

这种"留",是知足坚守。基层干部要把今天的"留"看作为明天的"进"积淀力量的重要阶梯,找准自己的位置,发挥自己的优势,向新来的同事介绍本单位的人事情况、本岗位的业务范畴等基本信息,帮助他们尽快融入集体中来、投入工作中去,增强他们的归属感和凝聚力。见贤思齐,从善如流,留任者也要从新同事身上学习自己不具备的品质、不具有的技能,用好榜样的"秘籍",练就自己的"神功"。

倘若要"转"的话,是机遇,也是挑战。正所谓,逐梦守初心,转岗不转志。基层干部要像焦裕禄、孔繁森等优秀的榜样那样,坚持履职为民,心想人民柴米油盐、情系人民安危冷暖、胸怀人民喜怒哀乐,以高度的敬业精神滋养初心,切实做到为民服务绝不允许有任何歇歇脚、喘口气的想法,不断增强"一日不为,三日难安"的思想自觉和"干事光荣,避事可耻"的行动自觉。

随和待人处事

老子《道德经》中写道："天下莫柔弱于水，而攻坚强者莫之能胜，以其无以易之。取之胜强，柔之胜弱，天下莫不知，莫能行。"

曹操《礼让金》中提及，"让礼一寸，得礼一尺"。

明·洪应明《菜根谭》和吕坤《呻吟语》中分别记载，"处治世宜方，处乱世当圆，外叔委之世当方圆并用""处利让利，处名让名，淡然恬然，方不与世忤"。

正如古人云："欲成事，先成人。"人生就是两件事，做人与做事。

一个人最好的活法应该是：低调做人，高调做事。基层干部要平心静气地面对琐事、急事，对待大事冷静分析、不急不躁，待人谦和、随和、宽厚、宽容，能够在积累中沉淀、在历练中成长。

低调做人

在西汉武帝时期，名臣张安世行事低调，在当时伴君如伴虎的时代成功"生存"，并且其为人、为官之道都值得称赞。

三国谋士贾诩也是这样的一个人。贾诩不仅在军事上很有谋略，在为人处世上,也非常内敛。

晚清政治家、军事家、民族英雄左宗棠戎马一生,虽以举人身份入仕、学富五车,但做人低调处世、做事留有余地,被后人所敬仰。

回看历史,展望当下。德行越高尚的人,为人就越低调。确实如此,你会发现,越是身处高位、德行高尚的人,不论他的处世还是他的为人,都极为谦虚谨慎,低调是他们为人处世最好的一种态度。

《菜根谭》中这样记载:"故君子要聪明不露,才华不逞,才有肩鸿任钜的力量。"一个人不管有多少聪明才智,也应像稻穗一样,懂得低下头,收敛自己的锋芒。事实上,低调不是唯唯诺诺,也不是低三下四,更不是目空一切、妄自尊大,要知道"木秀于林,风必摧之"的道理。真正聪明的人都懂得,低调做人,是一种处世的谋略,更是一种做人的智慧。

低调,就是要心怀敬畏。真正低调的人不需要通过言语和行为来彰显自己的独特性、权威性和与众不同,晓得自己并不是无所不能的,懂得尊重他人的努力和付出、欣赏他人的优点和成就,能够以一种谦逊的态度面对周围的人和事物。特别是在基层工作中,基层干部在为人处世方面,态度要真诚、处事要稳重、说话要谨慎、待人要谦和,也就是常说的"做老实人、说老实话、办老实事"。基层干部要始终保持内心的平静和冷静,不被外界的喧嚣所干扰、不被权益的诱惑所动摇,能够控制住自己的情绪,注重内在的修炼和内心的成长,不断改进自己、提升自己。

低调,就是要虚怀若谷。基层工作的性质决定了基层干部需要与各种各样的人打交道,处理各种各样的大情小事,如果没有虚怀若谷的心态,很容易产生偏见,也很容易造成失误。只有保持虚怀若谷的心态,基层干部才能够更好地倾听群众的声音、理解群众的需求、解决群众的问题，真正做到"从群众中来、到群众中去"，与群众打成一片，不走形式、不走过场，把党的声音、党的温暖、党的富民惠民政策送到千家万户，让老百姓知道惠在何处、惠从何来；能够接受他人的意见建议，主动学习知识、积累知识，适应形势的变化，应对社会的变革；能够扑下身子，下真功夫、硬功夫，真心实意为老百姓做好事、办实事、解难事。只有这样，群众才会拥护基层干部，基层才会欢迎基层干部。

高调做事

明代著名学者吕坤在《呻吟语》里说："分明认得自家事，只管担当，直前做去。"书中还有这样一句话耐人寻味、发人深省："此心果有不可昧之真知，不可强之定见，虽断舌可也，决不可从然人诺。"在处事过程中，基层干部要勇于表达自己的想法，并且坚持自己的主张。

做事高调，就是要坚持高标准、高质量、高志向，用坚定的信心把工作干好，既要有一个好的姿态，也要有一个好的心态。为官是一时一事，做人是一生一世，基层干部之所以能够得到群众的广泛拥护和衷心爱戴，缘于他们勤勤恳恳为民、清清白白施政。

做事高调，是能力的一种展示，也是处事的一种态度。基层干部要发挥敢想敢干的独特优势，敢于想别人之未想，敢于做别人之未做，让自己的声音被更多群众听见，也让自己的学识、技能在更多领域展现出来，获得组织、领导和群众的认可。相反，如果一个人总是默不作声，凡事畏畏缩缩，即使你有再大的才华，也很难被人看到，做到在利益上要学会让、在做事上要学会争。当一个人学会低下头做事的时候，他反而看得更高，走得一次比一次稳健；当一个人学会昂起头做事的时候，他反而更能被人看到，表现得一次比一次优秀。

做事高调，不是一种张扬，也不是一种炫耀。我国古代有一句话"讷于言，敏于行"，是对低调做人、高调做事最直观的描述，是为人处事的黄金法则。

氛围篇

　　所谓工作氛围是指一个单位中逐步形成的，能感召、能相融、有特色、有效应的氛围。工作氛围主要分为环境氛围和人文氛围，其中人文氛围是看不见、摸不着的"软"实力，体现一个单位、一群人的目标信念、价值观念、努力程度、工作态度。

　　一个和谐融洽的氛围，会让人相互认同、相互信任、相互包容、相互扶持；一个清新舒畅的氛围，会让人心情愉悦、心无旁骛、信心更强、干劲更足；一个争先创优的氛围，会让人蓬勃向上、砥砺向前、积极向好；一个求知求学的氛围，会让好学成为自觉、好问成为习惯。

　　氛围可以塑造人，同样人也可以营造氛围。只有保持和谐至上、团结至上、争先至上的姿势和态势，才会创造一个自由、真诚、和谐、平等的工作氛围。

和谐至上

【案例】

即墨市财贸办公室,是笔者工作经历时间较短的一个单位,却是给笔者印象很深、感觉很好的一个单位。

之所以印象很深。是因为那时这个单位很不"起眼",机构不大、人员不多;虽不过5个科室,但承担着多项政府性工作,涉及家电下乡、酒类流通、"菜篮子工程"等诸多民生福祉事项,而且每项工作都做得很出色、干得很出彩。

之所以感觉很好。是因为财贸办公室拥有一个和谐的班子,建有一支和谐的队伍。俗话说:"火车跑得快,全靠车头带。"当时身为主要领导的蓝英杰主任非常重视和谐机关创建工作,抓班子、带队伍,内修素质、外树形象,大家能够心往一处想、劲往一处使,有事商量办、有活自觉干,班子之间、科室之间、同事之间非常和睦、也非常和谐。每个科室、每名同志都能够自觉地把科室工作、本职工作放在办公室工作乃至即墨政府工作的全局中考虑,互相支持、互相促进,常规性工作做到权责合理，突击性工作做到协同推进。在财贸办公室工作期间，可以说是其乐融融、幸福满满，未曾听到一件闹心的事情、未曾看到一起不和的场面，大家亲如一家人。

随着国家实行大部制改革，地方政府将内贸和外贸合并成立了商务部门。曾经的财贸办公室也已成为过去、成为历史，但那些年、那些人、那些事，仍然记忆犹新、历历在目。

在个人层面，和谐是一种重要修养。孔子认为，"君子和而不同，小人同而不和"，要善于倾听不同的声音、接受不同的意见、协调不同的关系，不要人云亦云、盲目附和；庄子认为，"天地与我并生，而万物与我为一"，承继于老子"道法自然"的观念，要求人与自然保持着密不可分的联系、和谐共生的关系。

在国家层面，和谐是一种价值追求。马克思主义强调，只有建立社会主义制度，才能真正实现社会和谐和人的自由全面发展。2004年9月，党的十六届四中全会首次明确提出"构建社会主义和谐社会"的概念；2007年10月，党的十七大再次强调"构建社会主义和谐社会"的重要性；2012年11月，党的十八大报告指出"必须坚持促进社会和谐"。习近平总书记先后提出了建设一个包容和谐的世界、构建人与自然和谐共生的地球家园等理念和口号，成为中国特色社会主义的本质属性和人类世界的发展方向。

对于基层而言，构建和谐的同事关系、和谐的干群关系，显得尤为重要。这就需要基层干部始终秉持和谐的处事策略、保持和谐的人际交往，全力打造和谐的发展平台、营造和谐的发展氛围。

和谐的处事策略

基层干部既是国家政策执行者,也是政府形象"代言人"。在具体事务处理过程中,基层干部要讲究技巧、讲究方法,注重过程、注重实效,切实做到既要"人情世故"、更要"坚定原则"。

处事应讲究方式。事务无论大小、缓急、难易,基层干部都要稳得住心、沉得住气,科学研判、积极作为,这样才会把事情办得周全、将工作做得圆满。对于日常的"小事",基层干部要有"以小见大"的思维,在单位里干好信息报送、电话接听、活动组织、会务筹备等这些小"活",在社区里做好民情日记、民声诉求、民生服务等这些小"事";不能只顾"大事"、不管"小事",最后导致"小事"没做好、"大事"没干成,不仅影响了群众的利益和福祉,也影响了党和政府的形象和公信力。只有从小事抓起、从身边事做起,把小事干好了、办多了,才具备做大事的能力和水平。对于突发的"急事",基层干部要有"急中求静"的心态,冷静思考、沉着应对,以最短的时间厘清事情"脉络",以最快的速度找准问题"症状",以最佳的目标确定解决"方案",避免急中出错、急中出乱,练就"为求一字稳,耐得半宵寒"的定力,不断提高驾驭复杂局面的能力和水平。对于碰到的"难事",基层干部要有"泰山压顶不弯腰"的精神,坚定"办法总比困难多"的信念,相信没有蹚不过去的河、迈不过去的坎,朝着问题走、迎着困难上,勇于担当、敢于碰硬,不断挑战自我、提高自我,坚定在基层"摸爬滚打"的意志。

处事应讲究原则。法无授权不可为,法定责任必须为。基层干部要按法规、按程序、按规则、按职责办事,这样的话工作就容易干、事情就容易办。一方面,要严格按政策法规办事,明白什么事情该做、什么事情不该做,明白底线是什么、底线在哪里,不越"雷池"、不乱"章法",切实维护国家法律法规的权威,依法依规做好经办的各项工作。另一方面,要严格按工作程序办事,想问题、做决策、办事情都要不缺少履行程序、不违背程序要求、不破坏程序公正,尤其是在宅基地审批、低保政策实施、土地征收等涉及群众利益与福祉的问题上,决策前要多沟通,实施前要多征询,该走的程序一个也不能少、一步也不能落下,决不能置程序于不顾,更不能把程序当"稻草人"。否则,就会出现好事变坏事的尴尬局面。

处事应讲究"人情"。"人情味",是一种真挚情感的流露,也是一个雅量大度的体现。所以,做人要有温度,为人要有情意,才会左右逢源、游刃有余。作为与群众朝夕相处的基层干部,是否具有"人情味",直接影响着党群、干群关系,影响着党和国家在基层的执政基础。基层干部要充分发挥与群众关系近、感情好的优势,与其交心、谈心,知道群众过着怎样的日子,是什么样的生活状态,尽可能地满足其合理诉求、维护群众切身利益,做到与群众心连心、手牵手。所以,在基层做工作、干事业,一定要认真践行群众路线,始终怀有对群众的深厚感情,心里装着群众、脑里想着群众,才能成为真正受群众欢迎的基层干部。

和谐的人际交往

在工作中,基层干部主要与这三类人群打交道:一类是领导群体,一类是同事群体,还有一类是群众群体。如何与不同人群、不同人员交往、交流、交谈，需要采取不同的交际策略、选择不同的交际方式，考验的是基层干部的智慧，展现的是基层干部的艺术。

学会与领导相处。无论你遇见的是亲和型、卓越型的领导，还是其他类型的领导，都要清醒地认识到，在工作中你和领导之间永远是上下级的关系。只有关系和谐，工作才会和谐。要保持合理的距离、保持高度的敬畏、保持基本的尊重，有些界线不能越、有些玩笑不能开，不触及领导隐私、不挑战领导权威，才是维护与领导"舒适"关系的重要手段。要保持足够的自信，在与领导相处过程中端正心态、摆正位置，不卑不亢、不悲不喜；当遇到不合理安排时，不要唯唯诺诺不敢说，更不要硬着头皮接下来，要学会委婉地拒绝，敢于表达自己的意见建议；当遇到工作困难时，要敢于向领导提出来，清楚表达需要的资源、需要的原因，寻求领导资源上的支持；重要工作该汇报的汇报、重大问题该请示的请示。还有一点，就是在领导面前要把握好分寸，不要自作聪明，你要相信领导在那个位置，在某些方面一定比你有能力、比你更强。

学会与同事相处。同事之间关系融洽、和谐，会让人感到心情愉快，有利于工作事业的发展。相处最重要的是诚心。只有尊重别人，别人才会尊重你。当与他人合作时，应先站在对方的立场，设想对方如何才能与你快乐合作；当与同事协作时，应主动配合、积极交流，建立有效沟通与协作。所以与同事相处，诚信很重要。因为单位的工作，需要大家共同完成，工作是相关联的，如果你的工作没有做好，就会影响其他人的工作进度，对方对你有意见提出想法就容易产生矛盾，所以做好自己的工作很重要。相处最忌讳的是搬弄是非。工作之余不要窃窃私语，切忌与别人讨论哪个人怎么样、谈论哪个事怎么样，更不能讲领导是非，也不要掺和别人讲小话，这最容易破坏友谊、破坏感情。

学会与群众相处。随着现代科技越来越发达,许多基层干部面对群众害怕被"曝光",导致处于"失语"状态,不愿说真话、不想说实话、不敢说心里话。其实不管群众如何看你、如何待你,基层干部都应做到"心诚""情真""言善"。"心诚"就是无论对待任何群众,都要一视同仁,达到"君子坦荡荡"的境界。无论大事小事,都要尽心尽力,你的一言一行,群众看在眼里、记在心里,自会赢得他们的信任、支持与认可。"情真"就是对待群众要像对待自己的亲人,经常跟他们说说家常话、聊聊天,平等待人、以情感人,让广大群众感到基层党委政府的温暖。"言善"就是对待群众不要以大话压人、谎话骗人,更不能恶语伤人,说交心的话、实在的话,争当群众的"知心人""知情人"。只有群众愿意和你交朋友,有些事情就好办多了,有些问题即便一下不能解决,给群众解释清楚了,他们也能理解你、支持你。

和谐的发展平台

一个单位、一个机关,既是个人发展的平台,可以充分展示其才华、发挥其创造,又是团队合作的平台,彼此之间相互配合、相互促进、和谐共事、创新干事。

要切实增强政治自觉。基层干部应站在全局的高度,坚持以践行社会主义核心价值体系为根本,牢牢把握文明和谐机关建设的正确方向,紧紧抓住用习近平新时代中国特色社会主义思想武装头脑这一首要任务,大力践行社会主义精神文明建设与和谐机关建设各项要求;根据基层党委制订的学习教育计划,结合个人实际,创新方法、手段和形式,严格落实思想政治教育的"规定动作"和"自选动作",进一步增强思想政治工作的吸引力和感染力。

要切实增强行动自觉。基层干部要把解决思想问题与解决实际问题结合起来,关注和研究群众在工作、生活中遇到的实际困难和问题,了解和反映群众对基层政府、基层干部的批评和意见,切实维护群众的正当权益,尽力为群众办好事、办实事,助群众解除困惑、理顺情绪,以良好的精神状态投身工作,努力营造机关团结协作、干事创业的良好发展环境。

和谐出生产力、和谐出凝聚力、和谐出竞争力。只有大家做到事业上互勉、工作上互帮、生活上互助,工作中多补台、不拆台,大事讲原则、小事讲风格,才能形成一个人人比贡献、个个创佳绩的和谐共事氛围。

团结至上

【案例】

2020年年初,武汉疫情从封城到解封,仅用两个多月的时间就得到了快速控制,靠的就是党的全面领导,靠的就是全国人民精诚团结、万众一心。

在暴发疫情的那些日子里,身着密闭防护服的医护人员在武汉各个社区、各个住宅小区、各个网格进行核酸采样,只为把潜在的感染者筛尽查清,追根溯源深入开展流调。当时,武汉各级党政机关、企事业单位党员干部职工下沉社区,在街头、在巷口、在楼宇,带领社区志愿者夜以继日、争分夺秒,外防输入、内防扩散,关键时刻成为群众的主心骨,成为城市的守护者。许许多多普通的市民更是自发组成了一支支志愿者队伍,为医务人员提供接送试管样本,为居民提供食品药品代购、代送等服务……他们都在用自己的行动诉说着同一句话:"武汉加油!湖北加油!中国加油!"

在党和国家的坚强领导下,在短时间内14亿人民就迅速凝聚起强

| 基层的初心 |

大合力，形成同一个声音、同一个步调，一支支医疗队不断支援武汉抗疫前线，他们在"疫"线战场上展现了自己精湛的医术，筑起了疫情防控的"防线"；一车车医疗设备、生活用品等物资捐赠武汉防控一线，筑牢了中国社会临危不乱的基石，汇聚成抗击疫情的强大力量。

武汉是英雄的城市，湖北人民、武汉人民是英雄的人民，历史上从来没有被艰难险阻压垮过，只要同心协力、英勇奋斗、共克时艰，才能取得疫情防控斗争的全面胜利。这次新冠疫情，让中国人民更加团结，更加心心相印，各种正能量正在冉冉上升！

自古以来，就有很多的诗句描写团结。诸如，周文王姬昌的《易经·系辞上》提及，"二人同心，其利断金；同心之言，其臭如兰"；春秋时期孙武的《孙子兵法·谋攻》写道，"上下同欲者胜"；明代佚名《增广贤文》中记载着，"人心齐，泰山移，独脚难行，孤掌难鸣"。

伟大领袖毛泽东同志曾指出：国家的统一，人民的团结，国内各民族的团结，是我们事业胜利的基本保证。团结，是新中国实现繁荣昌盛的基本前提，是社会主义事业取得胜利的根本保证。团结，是中国共产党执政的旗帜；团结，是新中国富强的基石；团结，是实现中国梦的力量。

揆诸当下，基层干部之间缺少沟通理解、缺少容人雅量、缺少坦诚气度等"内耗"问题不同程度地存在着。追其根本，问题就出在"团结"二字上。所以，基层干部要自觉维护团结，自觉摒弃私心杂念和急功近利，自觉做到大气做人、坦荡做事、谦虚谨慎、尊重礼让。

团结是共事的前提

俗话说："百年修得同船渡。"茫茫人海，相遇成为同事，何其有幸！不论年长年轻，还是资历深浅，共事就是一种缘分，唯懂珍惜，唯懂团结，才配拥有，才能长久。

用高尚的人格增进团结。人格魅力是一个人自身的性格、气质所产生的影响力和"气场"。作为基层干部要把"岗位"当作为群众服务的平台，不能当作炫耀的资本；要把权力当作为群众服务的责任，不能当作以权谋私的手段，通过岗位本身赋予的权威，对广大群众产生强大的感召力和影响力。基层干部只有不断增强人格魅力和人格底气，才会群众认可你、同事认可你、上级认可你。

用亲密的感情增进团结。每个人都希望与同事处好关系，但是很多人却不得其道，不知道如何增进"同事情"。其实，同事之间的相处，就是朋友之间的相处，讲究"人敬我一尺，我敬你一丈"，不需要太过刻意，只需要做好一些细节的小事就行。比如，见面打招呼，坚持每天上班时跟碰面的每一个同事说一声"早上好"，下班时跟遇见的每一个同事说一声"拜拜"；不乱动别人的东西、不乱说别人的事情；等等。只要把这些细节、这些小事做好，就能够与同事建立比较稳定的关系，很多时候，往往一声招呼中，人和人之间的关系，就拉近了。

用共同的语言增进团结。俗话说："泰山压不死人，舌头底下能压死人。"语言就像一个方向盘，正面的语言会引导正向发展，而负面的语言则会滑入负向深渊。所以，要处理好与同事的关系，一定要注意文明用语、规范用语，严禁使用低俗性语言、污秽性语言、网络性语言，严禁大吵大闹，不然就很容易失去同事的信任，甚至失去晋升的机会，这些都不利于在各自职场中成长，不利于在各自岗位上发挥自己的优势、展现自己的能力。

团结是做事的基础

基层工作既要"分工明确"，也要"协同发力"。很多工作涉及多个领域，一个部门通常对应着上级多个主管部门，一项工作由多名基层干部具体落实，需要加强团结协作，增强部门之间、同事之间的协同联动，凝聚起推动工作的合力，将基层工作深入推进。

相互理解，相互支持。理解和支持，是一种正能量，它能够给人勇气，也能够催人前进。在基层工作中，有的问题、有些工作需要集体"作战"、共迎"挑战"，汇聚火力、凝聚动力，"一起上""合力冲"。所以，基层干部要树立工作"一盘棋"思想，统一思想、加强协作、形成合力，特别是涉及相同领域的部门尤其要注意彼此之间的信息共享，虽然看法想法不一样，但目标是一致的，要强化团结协作意识，相互配合、相互支持，主动出谋略、想办法；要学会去异存同，把工作任务做成、做好为前提，及时协调处理好工作中的矛盾和问题，将各项工作落地落实。

相互谦让，相互包容。低调谦逊，既是一种境界，也是一种涵养，只有始终保持一种谦逊的态度，才会不断积累自己的福报。基层干部就是要做好上传下达的工作，听上级的话，讲给群众听。特别是向领导汇报工作时，时间紧，内容多，要思考怎么在领导面前用最完美的表达方法去汇报工作；在请示时，要抓住重点，能一句话说清楚最好；在检查工作或提出意见时，不能高人一等。要谨言慎行，不该问的不问，不该说的不说，说话讲场合，讲分寸，凡事三思而行，不意气用事，更不能不顾后果。要把基层来办事的群众当成亲人、朋友热情接待，耐心听取意见，认真解决问题，尽心尽力帮助。

加强沟通，加强交流。沟通交流不仅是信息收集、思想交换的过程，也是一种思想、态度和价值观的传播，是培养互信、团结合作的重要途径。基层干部通过沟通交流，更好地了解工作目标、知晓工作内容，知道努力的方向是什么，在相互帮助中构造起工作高效推进的"多面体"。柴多火旺，水涨船高。无论是语言沟通、文字沟通，还是数据沟通，都是做好基层工作不可或缺的关键环节。基层干部在制定工作方案和具体举措时，要多沟通、多交流，集聚思想智慧、激荡思维火花，让工作方案更加实用、让举措更加细化、让方法更加有效。

团结是成事的关键

事成于和睦，力生于团结。在工作中，基层干部要多接触、多商量、多支持、多谅解，心往一处想、劲往一处使，把"指头"攥成"拳头"，杜绝"内耗"、聚生"内力"，真正用"团结"的力量在新时代画好"同心圆""幸福图"。

团结，出凝聚力、出战斗力。基层干部要坚持和而不同。讲团结决不是"和稀泥"，不是无条件的迁就，当"好好干部"，在坚持原则基础上的团结才是真团结。在交往、共事中，要保持一种和谐友善的关系，但不能无原则地迎合别人的心理、附和别人的言论；要善于倾听他人的观点，坚决杜绝以人划线、人云亦云，决不能给同事贴"标签"，真正做到赤诚相见、肝胆相照。

团结，出智慧、出成绩。懂团结是大智慧，会团结是大本事，真团结是大境界。基层干部不仅要有"能干事"的精神和本领，还要有"干成事"的意识和水平；要正确对待自己，知道自己的优势，更为重要的是看到和发现别人的长处，对同志的缺点不要盯住不放，更不能无限放大。在工作中，基层干部既要种好"责任田"，又要胸怀"一盘棋"，做到职责分、思想合，工作分、目标合，权限分、力量合。

团结对于个人的成长、单位的发展、社会的进步具有举足轻重的作用。同时也足以说明，重视团结、爱护团结、善于团结是夺取一切胜利的重要法宝。

争先至上

【案例】

即墨一直有创一流、当排头的基因。2017年撤市设区之前，曾居全国县域百强第七位，力拔江北第一县；之后，即墨仍勇担"排头兵"使命，各项主要指标在全省区县走在前列。

在中国共产党青岛市即墨区第一次代表大会和即墨区"两会"上，这座千年商都、现代新区再次发出冲锋号：坚持以当好海洋经济发展、壮大实体经济、区域协调发展"三个排头兵"为发展方向，以"陆海统筹、两翼齐飞、中轴联动"为支撑，以项目建设、文明典范城市创建和城市更新、改革创新、营商环境和群众满意度、督查考核联动"五条战线"为抓手，加快建设活力宜居幸福现代化新区、争当胶东经济圈一体化新引擎、打造青岛新发展格局重要增长极。

当好海洋经济发展"排头兵"。即墨依海而生、向海而兴，海洋经济是最大的特色优势所在，也是最大的空间所在、潜力所在。目前，已集聚崂山实验室、国家深海基地、山东大学等众多科研机构和高校，打造诸多国家级、省级、市级科技创新平台。坚持陆海统筹、全域皆蓝、勇立潮头、逐梦深蓝，充分发挥蓝谷桥头堡作用，构建"5+4+3"海洋经济发展体系，完善陆海统筹、"双招双引"、政策保障"三大机制"的海洋经济发展思路，集即墨之力打造特色鲜明的海洋战略性新兴产业聚集区。

当好壮大实体经济的"排头兵"。聚焦新活力、新支柱、新动能、新引擎，抓牢"双招双引"主战场，突出项目建设生命线，加快推动产业高端化、集群化发展，打造以海洋经济为特色、数字经济为引领、先进制造业为支撑、现代服务业为配套的链群化、开放型现代产业体系。

当好区域发展的"排头兵"。按照"陆海统筹、两翼齐飞、中轴联动"的区域空间战略布局，推进东部鳌山湾丁字湾区域，联动青岛市崂山区和烟台市海阳莱阳；推进即墨西部蓝村陆港大沽河区域，联动青岛市胶州和青岛高新区，推动中部城区区域联动，重点建设即墨经济开发区、青岛汽车产业新城、青岛蓝谷高新区，实现与主城区互联互通、连片发展。

新征程催人奋进，新使命重如千钧。即墨在经济、社会、民生、生态等各领域，勇于创一流、争当排头兵、奋力走在前，努力让城市更加充满活力、富有实力、独具魅力。

积极向上是一种重要的人格品质，也是构成人格品质中最具决定、统领和引导性的因素。古希腊哲学家苏格拉底说过："世界上最快乐的事，莫过于为理想而奋斗。"自古以来，人们从未停止对美好生活的向往、未来梦想的追求。

唐·王昌龄《从军行七首·其四》中写道："黄沙百战穿金甲，不破楼兰终不还"；李白《将进酒》中说道："天生我材必有用，千金散尽还复来。"

宋·王安石《登飞来峰》中提及,"不畏浮云遮望眼,自缘身在最高层"。

……

对于一个社会人而言,只有积极向上,才能有追求,催促奋斗、奋斗、再奋斗;只有积极向上,才会有理想,指引向前、向前、再向前;只有积极向上,才能激活优秀的基因,才会到达成功的彼岸。

改革开放以来,许多地区在全国竞相开展的浪潮中脱颖而出,关键就在于不甘平庸,勇于争先。20世纪80年代,深圳作为经济特区,在全国改革开放过程中创造了一系列第一,形成了"深圳速度",成为全国改革开放成果的象征;20世纪90年代,张家港人团结拼搏,负重奋进,自加压力,敢于争先,形成了"张家港精神",成为全国的一面旗帜;还有许多地区经验做法值得复制或学习。实践再次证明,没有争先创优的精神和勇气,就不可能创造一流业绩,就不可能推动经济社会的快速开展。

新时代的基层干部更应该从这百年历史中汲取宝贵的经验,谨记习近平总书记嘱托,做到"我将无我,不负人民。艰难困苦,玉汝于成"。

寻标,明确定位

基层干部主要涉及个人成长和事业发展两个方面。

对于个人而言,要有明晰职业规划。被誉为20世纪最伟大的心灵导师和成功学大师戴尔·卡耐基说:"我非常相信,这是获得心理平静的最大秘密之一——要有正确的价值观念。而我也相信,只要我们能定出一种个人的标准来——就是和我们的生活比起来,什么样的事情才值得的标准，我们的忧虑有50%可以立刻消除。"基层干部要认真思考三个问题："我想做什么？我适合做什么？我要做什么准备？""我想做什么"，核心在于坚定理想信念，多反思自己想做什么，规划好自己未来的发展方向，确定好自己未来的发展目标，为做好基层工作提供方向和遵循。"我适合做什么"，核心是明晰自身的优势和劣势，注重扬长"补"短。经常反思自己能做什么，自己擅长的方面，自己存在的短板，做到适应工作、适合岗位，有能力有底气完成更多的工作。"我要做什么准备"，核心是围绕自身的不足和工作的要求，明确学习的方向，切实提高工作能力。基层干部要根据工作的需求、群众的需求，结合自身的特点，有针对性地进行准备，缺乏什么知识就要学习什么，需要什么能力就要提升什么，确保不断进步。

对于工作而言，要有明确工作目标。基层干部要根据自己的岗位特点，结合自身的工作实际，有针对性地对标，要明确"和谁对""对什么""怎么对"结合起来。"和谁对"，核心是确定对标学习对象。基层干部要从战略和全局高度来充分认识、认真思考，全方位对标先进发达地区最高标准、最高水平，勇于并善于采取拿来主义，通过学习借鉴、复制推广，"站在巨人的肩膀上"结合实际主动吸纳、融合、创造、创新。"对什么"，核心要确定对标学习内容。确定对标学习的对象后，就要体会到与先进地区部门在眼界视野、思想观念、思维方式、发展模式上的差距，同时要谋划本单位发展路子、对子。"怎么对"，核心要确定对标努力方向。基层干部要遵循"对标、对表、对照"理念，以更加清晰的创新思路、更加精准的创新举措，一项一项地对、一项一项地抓，真正把对标指导发展落到实处。

对标，分析原因

"向某某学习"不仅仅是句口号，而是极具挑战意义的行为。基层干部要以确定的学赶对象为标尺，认清自身的弱项，对标他人的强项；认清自身的短处，学习他人的长处。其中，涉及思想理念、工作标准、业务能力等多个方面。

有些基层干部可能是面对新形势、新任务，陈旧的观念落后于时代的发展，那么就必须跟上时代前进的步伐，坚持解放思想、实事求是、与时俱进，把思想认识从那些不合时宜的观念、做法的束缚中解放出来；坚持用发展的要求审视自己，努力克服安于现状、因循守旧、不思进取、无所作为的思想观念；坚持以改革的精神提高和完善自己，始终保持强烈的进取心，始终走在时代的前列。

有些基层干部可能在工作状态、工作作风上缺乏神采、消极堕落，那么就要鼓励自己不满足现状，更上一层楼，争一流、当一流，始终保持蓬勃朝气、昂扬锐气、浩然正气，永远意气风发、英气勃发、百折不挠、自强不息，始终保有克难制胜、奋发有为的意识，有锲而不舍、创优争先的劲头。

有些基层干部可能缺乏开拓创新精神，不思进取，故步自封，随时"先进"变"后进"，"领先"变"落后"。只有一鼓作气，继续开拓创新，想别人不敢想的事，做别人做不了的事，才能使发展的活力进一步迸发。俗话说："开拓无边界，创新无止境。"基层干部需要不断增强创新意识，挖掘创新潜能，发挥创新才干，改善工作手段，改良工作方式，用新思路、新举措开辟新道路，才能取得基层发展的新成果。

达标，奋勇争先

基层政府承担着上级政府交办的任务，处在自上而下行政工作体系的"输出端"，加上上级各部门以细化量化指标考核基层，要求凡为工作事项必须"达标"。这就要求基层干部要重实际、说实话、干实事、求实效，每项工作都有部署、有检查、有落实、有成效，每项任务都要不说则已、说了就干，不抓则已、抓就抓成，不干则已、干就干好。

既要守正，又要创新。守正意味着党性强，创新意味着敢担当。在推动各项决策部署落地落实过程中，积极发挥主观能动性，是对每一个基层干部的要求。做事总是有风险的。正因为有风险，才需要担当。凡是有利于党和人民的事，就要事不避难、义不逃责，就要大胆地干。坚持一切从实际出发，是想问题、做决策、办事情的出发点和落脚点。这既是对基层干部的要求，也是对区域治理的要求。基层干部只有严格执行上级决策，准确领会政策精神，不折不扣落实中央决策部署，才能实现基层高质量发展。

既要借智，又要聚力。在任何时候、任何情况下，基层干部都要保持清醒的政治定力，把对党的忠诚刻在心里、融入灵魂，以改革实践的"逢山开路，遇水架桥"的闯劲、"咬定青山不放松"的韧劲、"钉钉子"的实劲，以勇立潮头的豪气，大刀阔斧推进乡村振兴等实实在在的民生工作。群众智慧无穷尽，有"百度"里搜不到的科学答案，有书本里找不到的高招妙计，更有"知屋漏者在宇下，知政失者在草野"的贤士。基层干部要坚持问政于民方知得失、问需于民方知冷暖、问计于民方知虚实、问策于民方知真伪，在诚心向群众求教中，切实解决群众的"急难愁盼"问题，在为群众谋幸福的征程中乘风破浪前行。

争一流、创一流，是基层干部干事创业的必备品质，也是基层全面建设小康社会的应有作风。面对新形势、新问题，基层干部要以时不我待的紧迫感、敢为人先的使命感，不断提高工作水平、创造一流业绩，为加快全面建设小康社会进程做出应有的贡献。

家庭篇

俗话说："家和万事兴。"和睦稳定的家庭是事业成功的坚强后盾，也是美好未来的坚实基石。

在家庭中，你是唯一的；但在单位里，不管你能力大小、职级高低，你不是唯一的。如何有效平衡、妥善处理家庭与单位、生活与工作之间的关系，是一门奇妙无穷的学问，也是一项非比寻常的挑战。那些事业亨通、工作顺达的人，他们大多都有一段稳固的婚姻、一个和睦的家庭，都会把家庭经营得风生水起，完全没有"后"顾之忧。

对基层干部来说，既要干好工作，又要管好家庭。平日里，就要注重家庭、注重家教、注重家风，促进家庭和谐、家风和气、家人和睦。只有获得家人的理解、赢得家庭的支持，才会腾出更多的时间、投入更多的精力用在服务基层、服务群众上来。

事业固然重要，但是家庭更重要！家庭和睦稳定的人，工作更顺心，事业更顺成。

家人相助

【案例】

迟洪超，曾是笔者的同学，也曾是笔者的同事。在即墨师范同窗三年，又在青岛市即墨区政府办公室共事十余年，让笔者见证了他奋发踔厉的求学之道、奋力进取的成长之路。毕业后，他从一般工作人员逐步成长为一名区管干部，这背后既包含着他自身的辛劳付出，更深藏着他家人的鼎力支持。

由于岗位的特殊性，有些工作比较突然、有些任务比较烦琐，他需要经常加班加点、忙来忙去，一门心思地扑在工作上，平日里没有过多的时间和精力放在家庭生活中、用在孩子教育上。特别是他从事综合文字材料工作的那些年，家庭重担毫无选择地落在他对象身上。

说起他对象来，既贤惠能干，又细心大气。她是一名初中教师，既肩负着教书育人的使命，又承担着相夫教子的责任。她的坚强、她的艰辛、她的付出，或许只有当局者才知、身临其境者才晓。

闲聊时，洪超常说，"我对象是家里最能干的，也是最辛劳的"。

感激的言语中透露出更多的愧疚。平日里,家里家外的事情都由他对象自己操办,柴米油盐,需要她来买;人情世故,需要她来办。同时,还要照顾好公婆、管教好孩子。特别是在她公公身体有些不适的那个阶段,老人需要陪护,饮食需要改善,心情需要静修;大女儿的学业需要指点提升,学龄初段的小女儿更需要陪同看护。那个时期,她把每天的时间安排得满满当当的,忙得团团转。节假日的时候,还得抽空回娘家看看自己的父母……这么多的家事,那么重的家务,她默默地硬生生地给"扛"了过来。即使这样,她从来没抱怨这个、埋怨那个,她的初衷其实很简单,就是作为机关干部的家属,能够自己做的尽量自己做,不去占用他的时间和精力,不让家庭的事情分其心,也不让孩子的学业烦其心,使其能够心无旁骛地工作。她是这样想的,也是这样做的。

俗话说:"自古忠孝难两全。"对于基层干部而言,做好本职工作,服务好群众,就是最大的孝。基层干部不易,他们的家属其实更不易。

除了感激,就是亏欠,再就是愧疚,这是洪超发自内心的肺腑之言。之前,他说自己做得少、做得不称职,陪护老人、陪伴妻儿的时间短、次数也少。现在,他只要不加班,总要抽出时间跟老人拉拉呱、陪对象逛逛街、带孩子出去溜达溜达,弥补曾经的"缺失"……

在政府系统特别是基层政府像这样的媳妇不乏少数,她们用女人坚强的身躯不仅撑起了家庭的"半边"天,也让基层干部可以全身心地投入基层工作中来。

"命运共同体"是当下广为人知的流行语,曾入选《咬文嚼字》2018年十大流行语。对于天下而言,是普遍而抽象的伦理实体,是最大的共同体;对于家庭而言,是本原而直接的伦理实体,是最小的共同体。

| 基层的初心 |

　　一个家庭，就是一个共同体，家庭成员之间命运相连、责任相接、休戚与共、荣辱与共。每个成员事业发展的背后，都缺不了家人的真心关爱，少不了家人的鼎力支持。

　　在成人之前，父母特别是母亲对孩子的影响是最大的。作为孩子最早的启蒙老师，一言一行、一举一动，都会直接影响孩子一生。历史上，《孟母三迁》《陶母退鱼》《欧母画荻》千古传颂，"亚圣"孟子、东晋名将陶侃、北宋政治家欧阳修，深受他们母亲的思想熏陶和行为影响，才会成就卓越、流芳千古，得到世人永远的敬仰和爱戴。

　　在成家之后，妻子的帮助则是最大的。成语故事《半途而废》广为流传，起初乐羊子做事有始无终、有头无尾，后被妻子割布的举动和话语所感动，成家前后判若两人，继续坚持求学，没有半途而废、中途而止，直到学成后才回家见他的妻子。正如西汉·戴记《礼记·中庸》所说："君子遵道而行，半途而废，吾弗能已矣。"当遇到困难和问题时，不要裹足不前，也不要轻言放弃，一定要坚持不懈，因为这不仅是转机，也是转折。

　　作为基层干部，有为人父母的、为人子女的，也有为人夫的、为人妻的，工作需要"后方"的支持和保障。只有得到了"后方"的支持和保障，才能专心干事、专注服务，才会闯出一条新路子、拼出一片新天地。所以，对于基层干部而言，家人的支持是最好的鼓励、最大的财富，也是最持久的保障、最坚强的后盾。

| 家庭篇 |

给予时间上的支持

"时间都去哪儿了?"这是一个常说常议的热门话题。基层干部作为"局中"人,有时常常自我"拷问",一年三百六十五天,感觉大事没大有、小事一大堆,天天有事做、时时有活干;广大群众作为"局外"人,有时也会疑惑不解地"质问",到底他们这些"乡镇"干部都忙些什么,每天都做什么事、干什么活?这些"公家"人都加什么班?

"千头万绪"是基层工作的一个特点。从"上边千条线,下边一根针",再到"上面千把锤,下面一颗钉",基层工作总量大、强度也大。基层干部作为穿针引线的"那些人",既要把上级的要求传达到人、上级的部署贯彻到底、上级的政策落实到位,又要问计于民、造福于民、服务于民,基本上啥活都得干、啥事都得担,这是基层工作的现实状况,也是基层干部的真实写照。2019年以来,中共中央办公厅连续下发了《关于解决形式主义突出问题为基层减负的通知》《关于持续解决困扰基层的形式主义问题为决胜全面建成小康社会提供坚强作风保证的通知》等多个文件,各级政府聚集精简文件会议、减少督查考核等具体事项,相应制定了一系列"硬杠杠"举措,切实为基层松了绑、为干部减了负,让他们留得下来、干得下去,有奔头、有盼头,辛苦心不苦、身累心不累。虽然基层"减负"成效较为明显,但基层工作依然头绪较多、任务较重,这也是一个不争的事实。

"突如其来"是基层工作的另一个特点。基层干部除要做好常规性工作,还要参与疫情防控、防汛救灾、森林防火、交通安全、社会稳控等突发性事故和应急性事件，土地征用、生态治理、社区改造等临时性工作，这些事关广大群众的切身利益和经济社会的发展大局，是一场场坚决要打的"硬"仗、必须要赢的"大"仗。每一项工作、每一件事情，基层干部都需要亲力亲为，付出时间、投入精力，还得敢"啃硬骨"、敢"涉险滩"、敢"闯难关"；都需要把困难估计得更充分、把措施制定得更完备、把工作落实得更精细，不搞形式、不出差错，坚决顶起自己头顶的"那片天"。由于基层干部"分身乏术"，"5+2""白+黑"渐成常态也不足为奇。对于这些"突如其来"的非常规性工作，有的基层干部负责一两项工作，有的基层干部则负责多项工作，这就要求他们统筹好工作、安排好时间，做到全面兼顾、防止顾此失彼。

由于基层工作总量大、难度系数高，导致工作时间也随之增加，所以基层工作远比想象中复杂得多、艰辛得多。对于基层干部而言，毕竟精力有限、时间有限，这就需要家人们给予他们鼎力支持，让他们有充裕的时间、充足的精力把工作干好、把事情做好。只有做好了干好了，才能腾出更多的精力照顾家庭、陪伴家人。

给予身心上的释放

"压力山大"，许多基层干部会有这样的同感。这种"压力"主要来源于两个方面：一是承担着上级部署的具体工作，做好是应该的，做不好是不应该的，很容易被直接"点名"或通报"批评"；二是承担着群众满意度工作，衣食住行样样都要管，哪一样做得不到位、不及时，很容易被群众"差评"、被群众"投诉"，导致基层干部有时挂不住"面子"、扛不住"里子"，难免出现以消极心态、负面情绪等表现形式的"职业倦怠感"。破解"压力山大",无非从"身""心"入手。

让身体"放个松"。现在,基层干部大多居住在城区、工作在农村,上下班不是很方便,基本上每天一大早就要出门,要么赶着坐班车,要么开着私家车上班,一"抹黑"才能赶回家,早出晚归已是常态。如遇到有急事要做、有急活要干,就得在单位吃住,忙的时候整天捞不着回家,其劳累和压力显而易见。对于夫妻双方都是基层干部,家里更是照顾不周,老人的赡养、孩子的抚养往往成为他们心中永远消不了的"忧"、抹不去的"苦"。当感觉任务重、压力大时,利用下班休息时间可以出去跑跑、走走,放松肌肉、放松全身,适时调整"高速"运转的节奏;可以听听歌、看看书,缓解疲劳、缓解压力,适时调节"高压"运行的环境;也可以游游泳、健健身,走进自然、走进生活,适时调剂"高强"运作的状态。总而言之,基层干部要想方设法脱去疲惫的外衣、抖落奔波的尘埃,让身体定时放松、定期训练,只有这样才可能会产生意想不到的结果。

让心灵"放个假"。除了在发展上、工作上,有时基层干部在情感上、心态上还有不少道不出、言不明的"苦"。有些工作群众不支持、不认可,还有些抵触情绪,出现了"干部拼命干、群众不买账"的现象,最不被理解、最易被误解,导致"出力不讨好",让基层干部有些"心寒"。有些工作不被上级理解,虽然想得很好、做得很多,可能由于创新不足、推进不快、成效不大,导致很"委屈"、很"挫折",让基层干部有些"心酸"。总的来说:心理压力过大,既有工作环境复杂、任务艰巨等外因,也有自我素养欠缺、调适不够等内因。良好的心理素质、健康的心理状态是基层干部个人成长的客观需要,也是基层干部履职尽责的重要条件。基层干部要学会全方位、多途径减压,学会弹奏好工作与生活的"重""低"

音，做到在"名"上保持平静、在"利"上保持平淡、在"情"上保持平常，切实增强心理承受能力、抗挫能力。利用节假日或休假的机会，可以外出旅个游、度个假，放松一下心情、调整一下心态，切实找到家庭和工作的平衡点；也可以通过种植喜好的花草、饲养喜爱的宠物，感受田园诗派之鼻祖陶渊明"采菊东篱下，悠然见南山"的淡然闲适，汲取"诗仙"李白"天生我材必有用"的乐观自信，为工作和生活积蓄不竭动力。

欲戴其冠，必承其重。新时代、新形势，基层干部只有学会管理自己的情绪、调节自己的心态，才能真正做到轻松减压、微笑生活、快乐工作。

给予精神上的鼓励

在基层工作中，多数干部都能保持积极向上的心态和状态；但也有少数干部"身在曹营心在汉"，这山看着那山高，不安心、不本分；还有少数干部"心有余而力不足"，状态不佳、能力不足……当出现这样的问题时，就需要家人们帮他们打打气、鼓鼓劲、提提神，给予工作上的支持、精神上的鼓励，进而实现人生价值。

当工作处于低谷时，家人们要多鼓励、多支持，不要让他们轻言放弃。放弃只是一个念头，而永不放弃则是一种信念、一种精神。每一名基层干部都有自己的职业规划，想把事情做好、想把工作干好，在基层广阔的舞台上实现人生价值。但有些基层干部在工作中短时进不了"角色"、打不开"局面"，一直被困在"谷底"。处于低谷的原因，可能是工作中存在视野窄、经验少，考虑不全、处事不稳的问题；也可能是遇到任务急于求成，忽视工作流程，在推进过程中走了弯路，甚至走了错路；最主要的原因是觉得自己好像不行了，但又没有后路可退，容易变得焦躁不安。这种时候，家人们需要站出来，鼓励他们要勇敢面对，不要逃避、不要沉沦，多学习、多请教，调整好心态、控制好情绪，找好方法、找准路径，确保他们能够尽快从"低谷"中走出来。电影《明朝那些事儿》中，王阳明正是因为被贬在偏僻的贵州龙场悟道，才想通了许多事情、悟出了很多道理，最终成为一名伟大的思想家、哲学家。

当事业处于高峰时，家人们要常提醒、常"敲打"，让他们戒骄戒傲，不要得意忘形。在工作和生活中，希望一直处于巅峰状态，长期保持下去，这种想法其实是一厢情愿，我们的祖先早就用一句话描述了这种状态："盛极而衰"。没有永恒的巅峰，只有尽可能长时间的状态保持。基层干部要保持常学常新，学习新知识、补充新认识，让大脑持续处于充电、充能、充沛的状态，增加充足的知识储备；要保持常思常悟，及时总结工作中的经验做法，并根据新场景进行灵活调整，切实做到以干提能、以干促效；要勇于突破条条框框、打破坛坛罐罐，敢于突破以前、突破现在，努力尝试突破性的改革创新，创造性地开展各项工作。只有这样，才能一直保持良好的心态、奋斗的状态。

爱是最有能量的！那么家人的理解、家人的支持也是一种能量的传递，基层干部最希望也最愿意听到的是，"你去做吧，我们支持你！"。

家风清正

【案例】

《家道颖颖》是中宣部宣教局会同中央广播电视总台央视社会与法频道组织拍摄的以家风为主题的电视系列剧，旨在贯彻落实习近平总书记关于"注重家庭、注重家教、注重家风"的重要论述，进一步弘扬中华民族传统家庭美德。第一部《回家》，讲的是在山清水秀的青桵镇，以春节为切入点，发生在绿皮小火车上的故事，歌颂了好家风所具有的普遍意义和永恒价值。

在剧中有一个细节令人印象特别深刻，老列车长刘承光拿着鸡毛掸子擦拭客厅里悬挂着的家训——"肩头担道义精忠报国，手中勤巧作耕读持家"的精彩镜头。从"精忠报国""耕读持家"这些字不难看出，刘承光非常重视家庭建设、家庭教育，他对家风的珍视在列车上得到了淋漓展现。由于天气恶劣，导致沿途山体塌方、沿线交通中断，在列车受阻、乘客惊吓的危急关头，刘承光刘家明父子两代列车长冷静处置、勇于担当，指挥大家渡险，展现了人性的真诚朴实和人心的淳厚良善。

家风是一个家庭的精神内核,不只是人们身体的住处,更是人们心灵的归宿。今天大家对待家风,同样需要像刘承光那样高悬心中、时时拂拭,珍视传统优秀家风、红色家风和当代好家风的宝贵精神财富,让"清白家风"焕发感染力和生命力,为家庭送来和谐幸福、为国家带来繁荣富强。

中国人自古以来重视家风建设,注重在家庭的言传身教、耳濡目染中塑造子女的人生观与敬畏心。虽然时代在不断地变迁、社会在不断地发展,但整个社会的道德要求与价值坚守始终未变,传统家庭美德不应成为束之高阁的道理,而应让其潜移默化滋养更多的心灵,让全社会充盈风清气正、和谐美好的正能量。其实,优良家风都是发生在大家身边的家风善行,离大家一点也不遥远。只有千千万万个家庭的良好家风,才能净化着自家、感染着社会,才能汇聚成良好的民风社风。

对很多基层干部来说,他们除了做好工作,还要正好家风、管好家人,把正家风当成一种意识来树立、当作一项政治任务来完成,做到既"严以修身"、又"严以治家",使家庭成为拒腐防变的坚强阵地。

中华民族素有"礼仪之邦"之称,向来重视家风建设。历见诸典籍的家训并非鲜见,为后人称颂的也很多。

先秦·荀子《修身》中提及,"人无礼则不生,事无礼则不成,国家无礼则不宁"。

三国·诸葛亮《诫子书》中记载,"非淡泊无以明志,……"

北宋·欧阳修《诲学说》中说道:"玉不琢,不成器。"

清初·李毓秀《弟子规》中讲道:"凡是人,皆须爱,天地覆,地同载。"

这些已经是脍炙人口的"家家之训",形成文明向上的家家之风,还有许多"不成文"的家训，也已成为许多家庭日常生活行为规范的有机部分。

古人云："欲治其国者，先齐其家。"伟大领袖毛泽东同志曾为亲情规矩立下"三原则"："恋亲不为亲徇私，念旧不为旧谋利，济亲不为亲撑腰。"要求正确对待亲情，达到"发乎情，止乎礼"的境界，关爱不溺爱、善待不纵容，切实做到管好自己不出事、管好家人不添乱、管好下属不掉队。

不论时代发生多大变化，不论生活格局发生多大变化，大家都要重视家庭建设，注重家庭、注重家教、注重家风。

身在农村、行在农村，基层干部每天同群众打交道，群众对他们作风好坏感受最为直接、最为具体，对他们家风的优劣看得更清楚、更真切。所以，基层干部要坚持厚德立家、勤俭持家、书香传家、廉洁齐家，率先成为良好家风的建设者与践行者，才能更好地立家风、正党风、带民风。

厚德立家

《周易》中写道："天行健，君子以自强不息；地势坤，君子以厚德载物。""厚德"，就是要求人们按照自然规律去工作、去生活、待人处事。只有增厚美德，方能容载万物。

当前，正处于继往开来的新时代，特别需要提倡"厚德"，崇尚德行、时时念德、处处厚德，使"爱国、敬业、诚信、友善"成为每个家庭、每个公民的基本道德规范和行为准则。无论是在工作中，还是在家庭里，基层干部都要以"厚德"为基石，不计一时一事之得失、不图一分一毫之小利，养成崇德、尚德、重德的品格。

崇尚德行。《论语》中讲道："为政以德，譬如北辰，居其所而众星共之。"主张"为政以德"，强调德才兼备、以德为先。因为德好，才能把事做得好。因为德不好，即使个人再才高八斗、学富五车，但也未必能把事做好，甚至还会坏事。对基层干部来说，这一观点同样重要，只有明大德、守公德、严私德，其才方能用得其所。反观已经"落马""被查"的干部，"三观"不正、精神空虚、物欲膨胀，为中饱私囊而置党纪国法于不顾，一失足成千古恨，成为大德不明、公德不守、私德不严的错误典型。正所谓"道不可坐论，德不能空谈"。德不是说在口头上的，需要内化于心、外化于行，从自身做起、从小事做起，做到知行合一、言行一致，养成好思想、好品德，做真正的人民好公仆。

弘扬德行。《中庸》中说道："道之不行也，我知之矣：知者过之，愚者不及也。道之不明也，我知之矣：贤者过之，不肖者不及也。"生而为人，可以不优秀、可以不富有，但品行不能不端正、品德不能不高尚。道德品行是基层干部正向积极倡导的"高标准"，也是成为优秀干部的基本要求。注重德行修养，务必恪守职业道德。基层干部要从自身做起，切实培养自己对工作的责任感、道德感，发挥自己的责任心，从而认真履行职业道德，爱岗敬业、诚实守信、服务群众、奉献社会。注重德行修养，务必严守个人私德。严守个人私德就是基层干部要严格把私德作为对自身行为的刚性约束，不仅要把先进性和纯洁性体现在工作上、学习上，更要在日常生活和社会交往中以身作则、严于律己，时刻保持如履薄冰、如临深渊之感，坚决严守私德、修好个人操守，在面对各种利益诱惑、经受各类思潮冲击时，务必多想想入党时的初心、理想、志向和情怀，切实鞭策自己、矫正自己，坚决做到敬终如始、善始善终。

德若水之源，才若水之波。品行好的基层干部，自带光芒、自带光环，无论走到哪里，都会熠熠生辉。

勤俭持家

历览前贤国与家，成由勤俭败由奢。古往今来，历代仁人志士都倡俭戒奢，鞭挞奢靡之风。勤俭不仅是兴家之本，也是持家之道。

在我们党的历史上，更是始终倡导并践行勤俭节约、艰苦奋斗的理念。邓小平同志曾说："艰苦奋斗是我们的传统，艰苦朴素的教育今后要抓紧，一直要抓六十至七十年。"2012年12月，中央政治局关于改进工作作风、密切联系群众的八项规定中对于"厉行勤俭节约"也有明确的规定。每一名党员、干部，都要保持艰苦奋斗本色，不丢勤俭节约的传统美德。勤俭持家是一种无声的教育，对于基层干部的家庭和生活深有影响，要牢记住、践行好这一"传家宝"。

牢记住"传家宝"。新时代是奋斗的时代，奋斗是艰辛的，没有艰辛就不是真正的奋斗。作为一名基层干部，要从自身做起，从一点一滴做起，将其牢记于心、落实于行，不论在什么时候，不论在什么地方，杜绝奢华餐饮，拒绝攀比摆阔，艰苦奋斗、勤俭节约的"传家宝"永远不能忘、永远不能丢、永远不能变，树立正确的权力观、人生观、价值观，推动良好的社会风气形成。

传承好"传家宝"。古人云："一粥一饭，当思来处不易；半丝半缕，恒念物力维艰。"在日常生活中，基层干部要注意节约一滴水、一粒米、一度电、一克油，不奢侈、不浪费，践行好"艰苦奋斗、勤俭节约"这一"传家宝"。"人无勤俭不立，家无勤俭不旺"，这是历史的忠告，也是现实的警告。基层干部要正确处理好当前和长远、积累和消费、"过紧日子"

与"适当改善条件"的关系,始终坚持从发展的大局出发,将社会消费节制在合理的限度内,做到与社会生产力发展水平相适应,带动身边更多人群尚俭戒奢。

俗语说得好:"只勤不俭无底洞,只俭不勤水无源。"在现实中,勤和俭是一个整体,二者相辅相成。

书香传家

忠厚传家久,诗书继世长。书香是家风的文化基因、传家之宝,足以见得读书可以塑造和改变家风。

清代名臣曾国藩文章、事业、品德都是一流,其家教更是为后世所称颂。《曾国藩家书》中记录着曾国藩这样告诫诸弟子侄的,"吾不望代代得富贵,但愿代代有秀才"。教导诸弟子侄做官经商只是人的表面事业,并不能永久存续,读书做人才是人生根本,只有通过读书才能树立正确的世界观、价值观和人生观,才能保证人生的航船不迷失方向。

作为基层干部一定要深刻认识基层管理与读书学习的密切关系,读书水平决定着工作水平、领导水平,多读新理论、新知识、新技能、新规则的书目,进一步树立科学观念、掌握科学方法、弘扬科学精神,不断提高对基层工作的精通程度和把控能力,努力使自己真正成为行家里手、内行领导。如果不加强读书学习,知识就会老化、思想就会僵化、能力就会退化,就很难做好基层工作,从而贻误基层发展。如果在家教家风中形成诗书传家的传统,毫无疑问将对基层干部形成积极影响。

事实证明,读好书才能开卷有益,才能给人智慧,令人富有理性、知书达理。基层干部只有带领家人真正把"爱读书、读好书、善读书"

当成一种生活态度、一种精神追求，自觉养成读书学习的习惯，才能在家庭中营造出浓厚的书香氛围，以此形成家风传承下去。

廉洁齐家

廉洁是家风的精神内核、兴家之源。《礼记·大学》记载："欲治其国者，先齐其家；欲齐其家者，先修其身；欲修其身者，先正其心。"

争当"立廉"的忠诚建设者。如果理想信念不坚定，廉洁的"方向盘"就会把不稳、"压舱石"就会压不牢。基层干部只有脑清、心静、身正，从头到脚、从里到外，坚守廉洁的底线，明确什么可以做、什么不可以做、什么应该做、什么不应该做，才会不忘廉洁勤政、不争功名利禄、不碰纪法防线。基层干部要树立积极向上、正能量的优良家风，把清正廉洁放在首位，筑牢拒腐防变的底线，坚决不做违法犯纪、愧对家人、伤害家庭的事；要念好从严治家的"紧箍咒"，教育亲属子女放眼家庭的长远利益，以家庭声誉为重，不出难题、不找麻烦、不添乱子，一心一意工作，让廉洁在家庭文化中生根、在家教涵养中积淀、在家风传承中升华。

争当"倡廉"的坚定守护者。从近年查处的腐败案件看，许多都与家风不正有关。一些党员干部为了让家人过上所谓的好生活，利用手中的权力，形成以家庭为单位、以金钱为目标的家族式腐败窝案，既"坑爹"又"坑家"，毁了一家人的前程。兴廉之家必有余庆，积贪之家必有余殃。家庭是反腐倡廉的前沿防线，基层干部要崇尚以廉为美、以廉为乐、以廉为荣，常读廉政书、常思廉政理、常做廉政事，做到家事国事倡廉事、事事关心，风声雨声警钟声、声声入耳。爱家当拂心灵尘土，重亲常提逆耳忠言。基层干部的家人们要当好廉洁"严内助"，充分发挥八小时外监督作用,常吹枕边"廉洁风",念好家庭"廉洁经",算好家庭"廉洁账",为基层干部堂堂正正做人、忠诚干净担当提供坚实后盾,共同守住廉洁家门。

争当"清廉"的积极弘扬者。家风是党风、政风、社风、民风的风向标。基层干部要把家风建设作为干部作风建设的重要内容,带头明大德、守公德、严私德,带头移风易俗和反对铺张浪费,以勤养志、以俭养德,不争名利、不慕奢华,营造崇德向善、见贤思齐的家庭氛围;要身体力行、率先垂范,坚决反对讲排场、比阔气,坚决抵制享乐主义和奢靡之风,涵养艰苦朴素、勤俭节约的思想自觉和行动自觉;要积极培养绿色节俭的生活方式,弘扬真善美、抑制假恶丑,让清廉家风源远流长、薪火相传。

家风不染尘,清廉惠久远。基层干部要从自身做起,从家庭做起,以廉立家、以廉齐家、以廉传家,树清廉家风、创最美家庭,筑起反腐防腐和倡廉促廉的家庭防线,进而引领弘扬浩浩正气,做到党风肃、政风廉。

家庭和美

【案例】

近年来,中共青岛市即墨区委宣传部、文明办、妇联联合发起了寻找即墨"最美家庭"和"优秀家庭角色"活动,涌现出一大批在疫情防控、孝老爱亲、绿色环保、热心公益、书香润家、情系国防等方面表现突出的家庭典型和优秀家庭角色,也掀起了弘扬夫妻和睦、亲善教子、勤俭持家、邻里互助的家庭美德和文明家风热潮,极大地推动了社会主义核心价值观在即墨家庭生根开花。

为确保评选工作的公开、公平、公正,按照"民主推荐、层层比选"的原则,先是每一个网格选出一户"最美家庭"和一个"优秀家庭角色"候选人,接着网格之间进行"角逐"评出社区或居委会的"最美家庭"和"优秀家庭角色",再逐级推荐镇街层面和区级层面进行评选,这样可以最大限度地扩大活动的覆盖面,让广大家庭在评选的过程中相互学习、相互促进、相互提升,逐渐形成户户争当"最美家庭"、人人争当"优秀家庭角色"的良好风气。

从即墨推荐的"最美家庭"和"优秀家庭角色",也走上了更大的平台、获得了更高的荣誉,姜波家庭曾荣获全国"最美家庭"称号,冯涛、秦俊荣家庭曾荣获山东省"五好家庭",张孝林、陶瑞花家庭曾荣获青岛市"十大最美家庭",刘思周、周润芝等12户家庭曾荣获青岛市"最美家庭"……

当下的即墨,以各级"最美家庭"和"优秀家庭角色"为主要成员组建"家和万事兴"好家风百姓巡讲团,定期开展"好家风好家训"巡讲进村庄(社区)活动,围绕家庭家教家风家训开展宣讲,讲述家庭故事,传播家庭美德,让广大家庭在春风化雨、润物细无声中感受到身边榜样的力量,为推进实施乡村振兴战略凝聚和谐的正能量。

家是最小国,国是千万家。千百年历史一再证明,家庭和睦则社会安定,家庭幸福则社会祥和,家庭文明则社会文明。

《左传·成公十六年》提及,"上下和睦,周旋不逆"。

《诗经》中写道:"家和人兴百福至,儿孙绕膝花满堂。"

唐代诗人陈子昂《座右铭》中记载,"兄弟敦和睦,朋友笃信诚"。

……

诗句的字里行间,都透露出家庭和谐的构建,洋溢着家庭和睦的幸福。

1993年2月,联合国社会发展委员会决定从1994年起将每年5月15日定为"国际家庭日"(International Day for Families),旨在进一步改善家庭的地位和条件,促进家庭的和睦、和谐、和美。

对每个人来说,家不仅是一个栖身之所,更是一个心灵归属之地。守护家庭、维护家庭,是每个人的必然担当和应尽义务。作为基层干部,要以身作则、率先垂范,善事父母、善待妻子、善教子女,经营好、管理好家庭，争做精神文明建设的倡导者、家庭和睦幸福的践行者。

善事父母

百善孝为先，孝为德之本。善事父母是中华民族的传统美德，也是为人子女的应尽义务。关键在"孝"，就是要孝敬父母之心、孝养父母之身、孝顺父母之情。

孝敬父母之心，给予精神层面的慰藉。元代郭居敬《二十四孝》中，春秋鲁国人曾参啮指心痛、汉文帝亲尝汤药、三国时陆绩怀橘遗亲、晋朝王祥卧冰求鲤等孝子故事，流传甚广，影响深远。而清末徐熙《劝孝歌》中"儿出未归来，倚门继以烛。儿行千里路，亲心千里逐"，则写出了"殚竭心力终为子，可怜天下父母心"最现实最真实的写照，道出了"养儿一百岁，长忧九十九"最长久最细致的关照。对于父母而言，他们最需要的是陪伴，最看重的是亲情，但岁月经不起等待、孝道经不起徘徊，作为子女尽孝须尽心、尽心须尽早，量力而行、努力践行，切莫留下"树欲静而风不止，子欲养而亲不待"的人生遗憾。对于基层干部而言，经常参与防汛抗灾、安全应急、疫情防控、社会治理等突发性事件和重要性事务，有时需要挺身而出、倾力而为，有时需要抛开年迈的父母、离开温暖的家庭，往往因为各种各样的"忙"，忽视了对父母的精神慰藉，殊不知子女忽视的，却是父母重视的。即使工作再忙、时间再紧，也要定期了解父母的身心状况和思想状况，知道他们想什么、愁什么，给予他们心灵上的关怀、精神上的关心，让他们能够开心起来；也要定时让父母知道自己的工作近况和生活近况，不让他们操心、不让他们担忧、不让他们牵挂，让他们能够静下心来、安下心来，这才称得上是真正的

"孝"。

孝养父母之身,给予物质层面的滋养。清代教育家李毓秀《弟子规》中教导孩童,"冬则温,夏则清;晨则省,昏则定"。由此可见,保障父母衣食住行、照顾父母早晚起居,是孝道中最基本的"孝"。虽然时代在发展、生活在提高,但是对于那些土生土长而又继续扎根农村的基层干部,他们的父母大多没有固定的工资收入、没有稳定的经济来源,基本靠吃"老本"养老,生活相对比较拮据。作为子女,就要孝养父母安度晚年,时时刻刻关心父母的生活起居、衣食住行,仔细观察父母有什么需要,主动为父母准备好,经常添一件新衣、买一束鲜花、做一顿饭菜、送一个礼物等,尽力满足父母的物质需求,让他们吃得饱、穿得暖、行得安全、住得舒服,让他们老有所依、老有所养、老有所乐。基层干部只有从对父母衣食住行的小孝做起,才能做到对他人无私奉献的大孝;倘若不孝敬父母,就难懂得民生之艰,更难有忧民之心。

孝顺父母之情,给予情感层面的呵护。父母在,人生尚有来路;父母去,人生只剩归途。行孝不能等,不论是离家远的,还是距家近的,都得多问候父母、多关心父母,少让父母担忧、少让父母操劳。有时间常回家看看。利用节假日和周末时间,带着老婆孩子一起常回家看看父母,陪陪他们"溜达溜达",听听他们"唠叨唠叨",干点有意思的活、做些有趣的事,养养花、浇浇菜……给予他们实实在在的呵护和陪伴,让他们享受亲情天伦之乐。即使不能做到常回家看看,"云陪伴"等方式也是不错的选择。有时间常电话聊聊。父母有情绪,可以通过电话聊天的方式,倾听他们的抱怨和诉求,了解他们的情绪状态,缓解他们的内心压力,让他们的负面情绪能够得到充分释放。孝顺父母是天经地义的事情,对基层干部来说,要像对待自己子女那样对待自己的父母。

求忠臣于孝子之门。基层干部在家里能够尽孝,在岗位才能尽责、在社会才能尽忠;没有在家里不尽孝的,而能够在社会上尽职!

善待妻子

汉·苏武《留别妻》中"结发为夫妻,恩爱两不疑";《诗经》中"执子之手,与子偕老"……是多少夫妻的铮铮誓言,也是多少夫妻的不懈努力。

对于多数基层干部,上有老下有小,有时家庭工作难以兼顾、老小也难以兼顾,夫妻之间难免有些摩擦,这就需要多一些包容、多一些信任、多一些关爱,与自己的配偶心气相通、恩爱相伴,真正做到"夫唱妇随"或"妇唱夫随",同欲者,事竟成!

学会倾听。夫妻之间最大的问题就是"自以为是",往往有时遇到问题时不愿意交流、不愿意沟通,意见不合时也不采纳对方的意见、不尊重对方的建议。解决这样问题最好的方法是沟通,最好的沟通就是倾听。如果你的妻子有话向你倾诉,你若心不在焉、敷衍塞责,那只能令对方失望、失落;你若悉心倾听,无论她说得对与错,则会让她收获信任的回报、情感的满足和人格的尊重。所以,不管是子女教育问题,还是夫妻感情问题,不管是出现任何矛盾,还是发生什么隔阂,基层干部都要主动讲"和"、主动示"弱",用心倾听、用心沟通,拉近彼此之间的距离,让彼此之间更加信任、"三观"更加融合。否则夫妻之间总是为了生活琐事争吵,就会搞得"一地鸡毛""一塌糊涂",导致情绪"内耗"和精神"内耗"。

学会信任。正如苏霍姆林斯基所说:"对爱情不能审查,只能信任。"

处理好夫妻关系的有效方法就是信任，彼此之间互不盘问、互不隐瞒，保持一颗绝对忠诚的心。只有相互信任，婚姻才会完整，家庭才能和谐。"人生不如意事常八九"，基层干部亦是如此，在生活中难免会有不如意，难免磕磕碰碰，夫妻之间要相互包容、相互信任，如果一方在某件事情上做错了不要纠缠不放、斤斤计较，要给对方一个改错的机会、一个反省的机会，同样也要给自己一个发展的机会。只有相互包容、相互信任，夫妻之间才会生活得心无芥蒂。很多时候多给对方一点信任，就能更加走向对方的心灵深处，这样才能维护好夫妻间的感情。

学会浪漫。无论生活怎样、家庭怎样，基层干部都应充满希望、充满快乐，懂得浪漫、懂得欣慰，过好每一天，使自己的生活更有情调、更有品位。平日里，就要想方设法制造一些浪漫的事情、增添一些浪漫的气息，比如，在对方过生日的时候，为她准备一份精美的小礼物；在吃完晚饭的时候，一起出去散散步、遛遛弯；每天与对方说一句"我爱你"，节假日一起看一场浪漫的爱情电影……可以让生活更有仪式感、更具幸福感。特别是夫妻之间因鸡毛蒜皮的小事发生争吵，要先讲情、后讲理，懂得及时解决、及时结束，不要拖着过夜。在争吵之后，基层干部要学会给对方台阶下，学会哄哄对方，制造点浪漫的情调，修复感情，让感情更加坚固。

善教子女

作为基层干部，既要会干事创业，也要会教育子女，担负起"父母是孩子的第一任老师"的家庭教育主体责任，配合做好家校共育工作。

关心孩子成长。父母是孩子最早接触的人，一言一行都在潜移默化地影响着孩子。基层干部要关心孩子生长发展的六大阶段，特别是幼儿期、童年期、青春期，"三岁看大、七岁看老"，这个观点是有一定道理的，实则暗合了孩子身心发育特点。孩子2~3岁时，是建立依恋关系的关键期，通过创建和谐的家庭环境、保持正确的亲子关系，让孩子的安全感倍增、交往顺畅度倍增；7~8岁时，引导孩子有益阅读，逐步建立正确的世界观、价值观和人生观；13~14岁时，保持亲子的良性沟通，既要提供物质帮助，还要提供精神供给，给孩子一个温暖的家、一个宽松的成长环境。同时，要教育孩子正视自己，知道自己的闪光点，充分接受自身的缺点、及时弥补自身的短板，使在成长过程中更好地全面发展、全面进步。

培养孩子成才。养儿育女是一门高深的学问，也是一场潜心的修行。除了基层干部身份，还要当好父母，扮演多重角色，可以为陪"读"者，也可以为陪"伴"者，一起学习、一起成才。当好陪"读"者，让孩子充满诗气。平日里，可以经常带孩子去书店转转、陪孩子在家里看看绘本，让其先感受阅读的环境，慢慢地开始喜欢上阅读，从培养引导到慢慢习惯，从无意阅读到有心阅读，孩子每天都在发生变化。做好陪"伴"者，让孩子保持童气。基层干部要多与孩子一起玩耍、交流，有利于其青少年期，甚至成年后的心理健康，减少他们出现人格障碍的风险。不管工作多累、事情多忙，每天保证拿出一定的时间跟孩子一起玩，可以玩画画、剪纸，可以打打羽毛球、踢踢足球，在玩中释放孩子的天性、保持孩子的天真。

教育孩子成人。南北朝时期颜之推创作的《颜氏家训》讲道，"是以与善人居，如入芝兰之室，久而自芳也""君子必慎交游焉"。基层干部要坚持堂堂正正、清清白白做人，干干净净、踏踏实实做事，以身作则、言传身教。教育孩子品行端正，注重子女的品德教育，良好的品德需从小培养，在日常生活中教育孩子养成孝敬父母、尊敬他人、不说粗话、见人问好等良好的习惯；要教育孩子独立自主，根据孩子的年龄特点，知道孩子在什么年龄应该会做什么事情，放手让孩子自己的事情自己做，引导孩子养成"自己的事情自己做，他人的事情帮忙做"的良好习惯。不干涉孩子的交友，但要告知交友的原则，什么样的朋友可以交，什么样的朋友不能交，净化孩子的朋友圈。

正如心理学中的暗示效应那样，你眼中的孩子是什么形象，孩子的形象就会如你所想；你心中的自己是什么形象，自己的形象就会如你所愿。